Michael Stefan Anders

Das ist Mystik,

unglaublich wahr!

 tredition®

© 2017   Michael Stefan Anders
Umschlag: Michael Stefan Anders
Foto: Hans Braxmeier/pixabay.com

Verlag: tredition GmbH, Hamburg
ISBN 978-3-7345-8235-6 (Paperback)
ISBN 978-3-7345-8237-0 (e-Book)
Gedruckt in Deutschland
Erste Auflage

Motiv des Autors

Ich schreibe dieses Buch, weil ich die Mystik verstehe. Ich schreibe dieses Buch außerdem, weil die
Mystik für die meisten Menschen nur sehr schwer
verstehbar ist. Früher selbst einmal ein Suchender
auf dem Gebiet der Spiritualität war ich für jede
echte Hilfe und Orientierung dankbar, auch durch
Buch-Lektüre.

Dieses Buch kann eine lebenslange Orientierung
sein – so mein Wunsch für den Leser und die Leserin.

Der Autor

Michael Stefan Anders, geboren 1961 in Darmstadt,
Studium der Katholischen Theologie, Religions-
wissenschaft und Indischen Philologie (Magister-
Abschluss). Mehrere Aufenthalte in Indien, um den
Dialog der Religionen zu vertiefen.
Lieblingsthema: Mystik erleben und verstehen in heutiger
Welt.
Weitere Interessen sind Ernährungswissenschaft,
Gesundheit und Fußball.

www.michael-mystik-anders.de

INHALT

EINLEITUNG

Wenn Sie jetzt fragen würden, ob ich wirklich Michael Stefan Anders heiße, so würde ich Ihnen ehrlicherweise antworten: „Nein, ich heiße anders."

Zu meiner Begründung: Ich bin ein „halber Einsiedler" und kein öffentlicher Mensch. Dies entspricht meiner Lebensweise, Mentalität und damit auch meinem Bedürfnis.

Die andere Hälfte von mir lebt normal in der Welt, hat auch einige Jahre als Meditations-Lehrer das Schweigen und die Übung im Schweigen in öffentlichen Bildungshäusern vermittelt und versucht, auf diese Art und Weise für die mystische Erfahrung Zeugnis abzulegen.

„Meinen" Menschen von damals sage ich in Stille:

„Danke schön!"

Kennen Sie den Duft einer Rose? Schön.

Und wie würden Sie diesen Duft einem anderen Menschen
beschreiben, der noch nie eine Rose gesehen hat?
Schwierig, nicht wahr?
Dann sollte er besser selbst zu einer Rose gehen und an
ihr schnuppern.

Davon handelt dieses Buch.
Es geht um die mystische Erfahrung,
an der Sie schnuppern sollen.
Und wenn Ihnen der Duft gefällt,
dann können Sie eigene Schritte gehen.
Immer der Spürnase hinterher.

★

Falls Sie sich am Inhalt dieses Buches negativ stoßen –
warum eigentlich –, so denken Sie bitte daran:
Mystik ist schon immer ein Stein des Anstoßes gewesen.

Und falls Sie sich am Inhalt des Buches positiv stoßen –
warum eigentlich nicht –, so haben Sie einen Stein ins
Rollen gebracht.
Vielleicht ist es ja Ihr Stein der Weisheit.

Wie soll man über Mystik schreiben?

Der Autor macht es auf seine persönliche Art und Weise, denn somit haben Sie einen besseren Eindruck, was eine mystische Erfahrung überhaupt ist. Es erwartet Sie also kein trockener Vortrag. Hier und da werde ich klare Aussagen machen, die der Orientierung dienen sollen. Ich werde auch kein Allgemeinwissen bedienen, das sowieso schon jeder kennt. Dazu ist meine und Ihre Zeit zu kostbar.

Eine Frage musste ich mir beim Schreiben des Buches von Anfang an stellen: Wie persönlich darf ich sein und wie persönlich muss ich sein, damit das Lesen über spirituelle Erfahrung gelingen kann? Für Sie und mich.

Ich selbst nehme mich in diesem Buch gar nicht so wichtig, daher auch mein Pseudonym. Es soll deutlich machen, dass nicht der Autor im Mittelpunkt stehen möchte, sondern allein die spirituelle Erfahrung selbst und der Suchende, der unterwegs zu ihr ist. Diesem Anliegen fühlt sich der Autor verbunden.

Meine persönliche und offene Art hat also nur den Sinn, einen menschlichen Weg zu der einen „Wirklichkeit Gottes" möglichst konkret und anschaulich zu gestalten, soweit das mit Worten überhaupt möglich ist.

Oberstes Motiv ist die Würde des Menschen und seine Freiheit, selbst zu entscheiden.

Was erwartet Sie in diesem Buch?

Kein Vortrag, dieses Buch soll keine Einladung zum Diskutieren oder Theoretisieren sein. Deshalb habe ich viel Faktenwissen, Informationen oder das Einarbeiten von Literatur bewusst weggelassen. Mir geht es um eine klare Darstellung eines authentischen spirituellen Weges und welche Bedeutung dabei die zentrale „Erfahrung der Nicht-Zweiheit" einnimmt.

Sobald wir uns in dem Buch das theoretische Rüstzeug für eine sinnvolle Praxis angeeignet haben, können wir mutiger werden und aktive Schritte mit einbeziehen. Gehen wir ohne gute theoretische Kenntnis gleich los auf unserem Weg zur „Einheit mit Gott" und wollen besonders mutig (und damit fortschrittlich) sein, so haben wir kein Konzept, keine Orientierung, gehen in die Irre, stolpern, machen unnötige Fehler .....

und das macht auch keine Freude.

Die rund 190 Seiten sind kein Lesebuch, das von Anfang bis Ende schnell durchgearbeitet werden kann, um danach über Mystik Bescheid zu wissen. Vielmehr sollen die Texte zum Verweilen anregen, zum inneren Betrachten und Nachsinnen.

Pausen zum Innehalten bieten sich an,
damit so manches Wort im Stillen wirken kann.

Am Ende des Buches werden Sie in der Lage sein zu verstehen, worauf es bei diesem Thema im Wesentlichen ankommt – und dann selbst entscheiden können, ob Sie einen solchen Weg beschreiten möchten.

Hierbei versteht sich der Autor lediglich als Wegweiser, der Ihnen eine klare Vorstellung über das Ziel und über den Weg vermitteln möchte.

Der Umfang des Buches ist hierbei so gestaltet, dass er nicht zu groß und nicht zu klein sein soll; eben nur das Wesentliche, ohne unnötigen Ballast. Auch auf Ihrem spirituellen Weg – wie im Leben generell – sollten Sie nutzlosen Ballast möglichst abwerfen. Das hilft, den Blick für das Wesentliche zu schärfen.

Mystik will das Wesentliche des Menschen erkennen.

Tugenden des Lesers und der Leserin!

Es gibt Menschen, die haben bedauerlicherweise keinen Zugang zur Mystik, kein Verständnis, keinerlei Erfahrung auf diesem Gebiet und auch kein Bedürfnis, dies zu verändern. Das war schon immer so. Für diese Menschen – sie mögen ihr Glück auf andere Weise finden – hat der Autor dieses Buch auch nicht geschrieben. (Es wäre vergebene Liebesmüh, sie erreichen zu wollen.)

Um sich auf die Mystik einzulassen, braucht es eine gewisse Bereitschaft und wertvolle Tugenden (die alles andere als selbstverständlich sind):

Offenheit, ein eigenes Interesse und einen gesunden Menschenverstand! Wenn Sie dazu noch über religiöse Intuition verfügen, umso besser.

Ich wünsche dem Leser und der Leserin, dass Sie sowohl vor dem Lesen des Buches als auch danach reichlich mit solchen Tugenden gesegnet sind.

Einladung an Atheisten

Ebenfalls begrüße ich die Menschen, die sich selbst als Atheisten bezeichnen. Ob gläubig oder nicht gläubig, die Wirklichkeit des Seins, um die es in der Mystik geht, ist für jeden Menschen eine Herausforderung. Von dieser tieferen Wirklichkeit ist kein Mensch ausgeschlossen.

Mit einem haben Sie, Herr und Frau Atheist, schon mal recht: Es genügt nicht, an eine Existenz Gottes lediglich glauben zu können. Sie muss auch beweisbar sein. Und dies ist (für Sie selbst) durch eigene tiefgehende Erfahrung möglich.

Der Zen-Weg zum Beispiel verzichtet von vorneherein auf irgendwelche Gottesbilder und schickt Sie in der Stille-Übung in die Begegnung mit sich selbst.

Da die letzte Wirklichkeit ein Geheimnis ist und mit dem Geheimnis des Menschen eng verbunden ist, genügt es, sich ganz auf die ehrliche Suche nach dem eigenen verborgenen Selbst, dem eigenen tiefen Sein, zu begeben.

Man muss nur diesen Weg bis zum Ende gehen – das ist sozusagen die Bedingung für den Selbstbeweis – und darf vorher nicht aufhören.

Ende gut – alles gut.

VIEL GLÜCK FÜR IHRE LESEZEIT!

ERSTES KAPITEL
MYSTIK UND SPRACHE

Mystik ist Klarheit

Im Allgemeinen herrscht in der Bevölkerung die Ansicht, dass Mystik etwas Nebulöses darstellt. Hier muss der Autor klar widersprechen: Mystik heißt Klarheit. Ist die Erfahrung nicht klar, dann ist es (noch) keine echte Mystik. Dass der Mystiker von außen oft nicht verstanden wird und in der Geschichte immer wieder gerne ignoriert wurde, liegt an der ungewöhnlichen mystischen Erfahrung selbst.

Sie klingt unglaublich, ist aber dennoch wahr.

Die Mystiker aller authentischen Traditionen bestätigen dies. Zweifel gibt es nur bei denen, die diese Erfahrung (noch) nicht kennen. Aber dafür kann der Mystiker nichts.

Die Vertreter dieser Traditionen gehören zur sogenannten „Philosophia perennis" („Ewige Philosophie").

Hierzu zählen zum Beispiel Mystiker/Mystikerinnen aus dem Christentum, Hinduismus, Buddhismus und Taoismus. Bedeutende Merkmale einer solchen Mystik sind:

> die Erfahrung der Nicht-Zweiheit,
> das Erleben des ewigen Jetzt sowie
> das Gewahrsein der Einheit allen Lebens.

Gegenüber den reichen Erfahrungen dieser beachtlichen Männer und Frauen empfindet der Autor hohen Respekt.

Nun wird es Zeit, uns die mystische Erfahrung etwas genauer anzuschauen. Schlagen wir in einem Wörterbuch unter „Mystik" nach, so können wir ungefähr Folgendes lesen: Der Mystiker versucht, die Trennung zwischen menschlichem Ich und göttlichem Sein zu überwinden. Durch Hingabe und religiöse Praxis wie Meditation und Stille erlangt der Suchende die Vereinigung oder Einheit mit Gott.

Da die mystische Erfahrung von ungewöhnlicher Art ist, so kann es nicht erstaunen, wenn diese Erfahrung auch mit einem ungewöhnlichen Wort beschrieben wird. Es ist ein zentraler Begriff, der uns bei diesem Thema immer wieder begegnet und bereits in diesem Buch erwähnt wurde, nämlich: Nicht-Zweiheit (Nicht-Dualität).

Eine ähnliche Benennung wäre „Einswerden mit Gott". Der Mystiker weiß, was hiermit gemeint ist, doch kann dieser Begriff von außerhalb leicht missverstanden werden. Die beste Benennung ist nach Meinung des Autors: Nicht-Zweiheit.
Wir werden gleich mehr darüber verstehen.

Doch zunächst schauen wir uns die Zweiheit an, denn das kennen Sie:
ich und du, ich hier drinnen und die Welt da draußen, freundlich und feindlich, Frieden und Krieg, richtig und falsch, ja und nein.
Die Liste wäre lang.

Wo Zweiheit ist, da finden wir auch immer wieder Zwiespalt, Streit oder Zwei-Kampf bis hin zur gegenseitigen Vernichtung. (Auch die Zerstörung der Umwelt da draußen gehört hier dazu.)

Orientierung nach der Dualität allein ist keine Lösung. Es ist, als wäre die Welt und damit unser gesamtes Leben dauerhaft gespalten.

Wo Zweiheit ist, da findet sich auch Vielfalt:
ich, du, er, sie, es; Peter, Paul, Pauline und Julia; Hund, Katze, Maus und Papagei; Tisch, Stuhl, Lampe und eine Mahlzeit auf dem Teller; 1000 Namen und Bezeichnungen im Kopf da drinnen und 1000 Geschöpfe und Dinge in der Welt da draußen.

So als wäre die Welt nicht nur in Zweiheiten gespalten, sondern auch in unzählige Vielheiten, Lebewesen und Dinge. Und alles scheint voneinander getrennt zu sein.

Und nun endlich, Gott sei Dank, die spirituelle Erfahrung der Nicht-Zweiheit:

Diese überwindet die Zweiheiten und die Vielfalt durch eine neue, ganz andersartige Wahrnehmung.

Um dies mit einem einfachen, aber treffenden Vergleich zu erklären, ziehen wir das Beispiel von Zwillingen heran, aus einer einzigen Eizelle stammend, versteht sich.

Es sind zwei verschiedene Personen (eine Zweiheit), aber sie sehen wie identisch aus (und das ist Nicht-Zweiheit).

Bei der mystischen Erfahrung geht es selbstverständlich nicht um das äußere Aussehen – das ist ja nur ein Vergleich für etwas, das in Wirklichkeit unvergleichlich ist –, sondern es geht um eine Einsheit vom Sein her, besser: Nicht-Zweiheit im Sein.

Mehr Verständlichkeit können wir von einem weltlichen Vergleich nicht erwarten, denn die göttliche Wirklichkeit ist eben einmalig; im besten Sinne des Wortes.

Und an diesem einen und Einheit schaffenden Sein Gottes können wir Menschen bewusst teilhaben durch die „Vereinigung mit Gott". Der Mystiker nimmt dann beides wahr: die Zweiheiten und Vielfalt in der Welt und gleichzeitig noch die alles verbindende und einigende Nicht-Zweiheit im Sein.

UNGLAUBLICH UND WAHR

★

Der Autor ist aufgrund seines ausführlichen Studiums der Religionen und seiner intensiven Beschäftigung mit Spiritualität der Überzeugung, dass der bewusste Umgang mit Sprache auf diesem Gebiet von großer Wichtigkeit ist. Für den Autor ist die Kenntnis von Worten ein unverzichtbares Mittel für den Umgang mit lebendiger Spiritualität/Mystik.

Worte – Wörter – Realität

Das Wort „Wasser" stillt nicht Ihren Durst.
Das Wort „Brot" macht Sie nicht satt.
In das Wort „Apfel" können Sie nicht beißen.
Das Wort „Salz" schmeckt nicht salzig.
Das Wort „Medizin" heilt nicht Ihre Krankheit.
Das Wort „Gott" bringt noch keine Erlöstheit.

Worte weisen auf etwas hin. Sie stehen für etwas, was wir im Allgemeinen aufgrund unserer Lebenserfahrung verstehen. Dabei zählt nicht ein einzelnes Wort, sondern die Gesamtheit aller Worte und was an Realität dahintersteckt; was mit den Worten an Erfahrung und damit auch an Deutung verbunden ist.

Bei einem Wort können wir im Wörterbuch nachschauen und eine Definition lesen. In dieser finden wir wieder andere Wörter. Die möchten wir natürlich auch verstehen und schlagen erneut im Wörterbuch nach, bis wir schließlich jedes Wort nachgeschlagen und verstanden haben.

Und damit meint der Autor wirklich jedes Wort, das in einem Wörterbuch stehen könnte. (Mit der Zeit werden auch neue Wörter gebildet und kommen in das Wörterbuch hinzu.) Es würde genügen, wenn wir uns hier auf eine einzige Sprache beschränken. Jedoch können wir, wenn Sie möchten, auch alle anderen Sprachen mit dazunehmen, was unseren geistigen Horizont natürlich großartig erweitert.

Es werden also alle Wörter der Welt gebraucht, um alle anderen Wörter zu verstehen. Das sollte an dieser Stelle verdeutlicht werden.

Und für alle diese Wörter gilt ausnahmslos: Sie können nur auf etwas hinweisen. So wie Schilder auf etwas hinweisen oder Pfeile oder Wegweiser. Selbst wenn alle Wörter auf etwas Bestimmtes hinweisen würden, zum Beispiel auf Gott, so wüssten wir immer noch nicht, was damit gemeint ist, weil das Wort „Gott" für eine Wirklichkeit steht, die erlebt werden muss, so wie alle anderen Wörter auch mit Leben erfüllt werden müssen.

Alle Wörter im Kopf-Wörterbuch sind also ziemlich nutzlos. Es sei denn, sie sind mit Lebendigkeit und Erfahrung verbunden.

Kein Wort ist mit dem gleichzusetzen, auf das es hinweist. Auch die Worte „mystische Erfahrung" sind nicht die Erfahrung selbst, so oft wir sie auch aussprechen mögen oder mit unserem reichhaltigen Wörterbuch im Kopf darüber nachdenken mögen.

(Es gibt Menschen, die versuchen dies. Ich weiß nicht, ob sie schon an ein Ende gelangt sind.)

Daher nützen Diskussionen und theologische Streitereien über Mystik herzlich wenig. Sie gehen an der Realität Gottes vorbei, nämlich an der Erfahrung Gottes selbst. Das Entsprechende gilt für Begriffe aus anderen Religionen, die ebenso auf eine letzte Wirklichkeit hindeuten. Auch diese Begriffe sind mit Erfahrungen verbunden, auf die es ankommt.

Als Beispiele nehmen wir hier die Begriffe „Atman" (das göttliche Selbst) im Hinduismus, „Nirvana" (das mysteriöse „Verwehen" im Buddhismus) oder „Shunyata" (die Leere) im Zen.

Es ist die Aufgabe der Religionswissenschaft, anhand von religiösen Texten und heiligen Schriften die Unterschiede zwischen den zahlreichen Begrifflichkeiten herauszuarbeiten und zu würdigen. Damit ist jedoch noch keine Gotteserfahrung selbst gegeben.

Das aber ist das Gebiet der Mystik und hier kann sie auf ein reichhaltiges Wissen zurückgreifen. Vertreter der Mystik sehen deshalb auch ihre Aufgabe darin, diesen Erfahrungsschatz mitzuteilen, einen gehbaren Weg zu beschreiben und dabei praktische Hilfe anzubieten.

Die Herangehensweise der Mystik zeigt sich in ihrer Wertschätzung der Stille-Übung. Gehen wir tief genug in die stille Gottesbegegnung hinein, so werden die Worte und Konzepte, die vorher noch wichtig und nötig waren, losgelassen.

In der Tiefen-Meditation sind wir frei von allen Vorstellungen und Gedanken, um genau dadurch der Erfahrung Gottes Platz zu machen. (Nach der Erfahrung dürfen die Worte ruhig wiederkommen, um das Erlebte sich selbst und anderen Menschen erklären zu können und sich dadurch mündlich oder schriftlich mitteilen zu können.)

Gewiss, es macht Spaß, Wörter im Kopf zu besitzen. Doch damit kennen wir nicht automatisch die Realität selbst, die mit den Worten gemeint ist; auch wenn wir dies denken mögen. Wir dürfen das Gedachte nicht einfach für die ganze Realität halten.

Sonst unterliegen wir der Illusion, wir wüssten ganz genau, was mit dem Wort „Mensch" oder „Gott" oder „Welt" oder .... oder .... gemeint ist.

Und wenn wir glauben, wir wüssten es schon ganz genau – was uns zugegebenermaßen ein schmeichelhaftes Gefühl verleiht und außerdem noch Sicherheit gibt –, dann fühlen wir uns „fertig" in unserer Erkenntnis und verpassen die Wahrnehmung der tieferen Wirklichkeit.

Will ich die Realität jenseits aller Worte kennenlernen, so wie es ein Mystiker erlebt, dann muss ich alle Wörter über die Realität loslassen können, bis die tieferliegende Realität selbst sich zeigt.

Indem durch eine regelmäßige Stille-Übung die vielen Worte und Gedanken allmählich zur Ruhe kommen, wird die Wahrnehmung des göttlichen Seins ermöglicht. Und das ist dann eine Erfahrung der Nicht-Zweiheit mit Gott, der alles Sein durchdringt.

Wenn der Autor in diesem Buch Wörter und Formulierungen in Bezug auf die Wirklichkeit Gottes verwendet, so tut er dies aus eigenem Erleben, das zudem jahrelang reflektiert ist. Wenn manche Aussagen für den Leser und die Leserin schwer nachzuvollziehen sind, so liegt das daran, dass die mystische Erfahrung als solche „über den Verstand hinausgeht".

Die Wirklichkeit Gottes ist eben so, wie sie ist. Und dafür können wir Menschen nichts, sie ist uns so vorgegeben. Wir können nur versuchen, uns in dieses Geheimnis zu vertiefen, um dadurch den Sinn zu erfassen.

Ein Mystiker wünscht sich grundsätzlich, dass mehr Menschen das „Licht jenseits des Verstandes" aufgeht und die verborgene Wirklichkeit erleben und damit auch verstehen.

So würde es der Autor begrüßen, wenn das Verständnis über die Mystik durch dieses Buch zunimmt und sich mehr spirituell Aufgeschlossene auf das Abenteuer mit Gott einlassen.

Gotteserkenntnis und „Reden über Gott"

Wenn es schon einen Gott gibt, dann wird er wohl auch eingeplant haben, dass er durch den Menschen erfahrbar ist. Sonst macht Gott keinen Sinn. Und wenn Gott erfahrbar ist, dann ist es dem Menschen auch möglich, über seine religiöse Erfahrung nachzudenken und darüber zu reden. Das ist menschliche Gotteserkenntnis.

Natürlich ist dieses Sprechen immer anthropomorph, das heißt: in der Art des Menschen. Wie sollte es denn sonst sein?
(gr. ánthropos = Mensch; morphé = Gestalt, Form)

Aber wir dürfen doch auch darauf vertrauen, dass Gott uns einen möglichst gesunden, gut funktionierenden und zur Einsicht fähigen Verstand mitgegeben hat, auf dass wir ihn bestmöglich einsetzen und nutzen. Und das heißt: nicht nur zur Alltagsbewältigung, sondern gerade auch für die Erkenntnis der tieferliegenden Wahrheit selbst; denn Gott gilt als das Wichtigste im Leben, das „Summum Bonum" (= Höchstes Gut).

(Wir kommen auf die Rolle des Verstandes später noch ausführlich zu sprechen.)

Auch Gott dürfte (wieder anthropomorph gesprochen) ein Interesse haben, von uns Menschen erkannt zu werden.

Nun weiß ein denkender und sprechender Mensch bei all seinem Bemühen nicht wirklich, wirklich, wirklich, wie Gott ist. Denn das wäre Anmaßung oder Überheblichkeit, Hybris (gr. hyper = über).

Aber wir können eine Gotteserfahrung, insofern wir sie gründlich geprüft haben, mit unseren eigenen Worten beschreiben; und das ist schon sehr viel, auch an Selbsterkenntnis. Denn nur in Gott erkennen wir uns auch selbst vollständig und ganz.

Ohne die lebendige Erfahrung Gottes fehlt dem Menschen dauerhaft das Wesentliche.

Je umfassender dabei die Erfahrung, je klarer die Beschreibung, desto wertvoller die Erkenntnis und desto besser kann eine menschliche Kommunikation über mystische Erfahrung gelingen. Doch immer nur in gegenseitigem Respekt und in Anerkennung des Gesprächspartners; das verlangt schon die religiöse Erfahrung selbst.

Und was immer wir über Gott aufgrund unserer Erfahrung gemeinsam wissen und sagen können, Gott (ER oder SIE oder ES oder ...... ein anderes Wort) bleibt ein Geheimnis. Und da wir dem Geheimnis nicht wehtun, wenn wir es auf verschiedene Weise benennen, können wir dies auch in verantwortungsvoller Weise tun.

Gottes-Erfahrung ist ein Wissen im Nicht-Wissen.

ZWEITES KAPITEL
ORIENTIERUNG IM LEBEN

Das Wort „Orientierung" kommt aus dem Lateinischen (oriri = sich erheben, entstehen) und verweist auf den Menschen, der sich nach der aufgehenden Sonne ausrichtet. Durch sie findet er sich nach der dunklen Nacht am hellen Tag zurecht und erhält einen natürlichen Lebensrhythmus wie das Aussäen von Getreidekörnern und das Einholen der Ernte. Der Lauf der Sonne bietet dem Menschen eine naturgegebene Ordnung, auf die er sich verlassen und einstellen kann.

Sich orientieren meint ursprünglich, den eigenen Standort nach der Himmelsrichtung bestimmen. Primär maßgeblich war dabei der Osten, wo die Sonne am Morgen erscheint. Daher kennen wir auch den Orient als Morgenland (ex oriente lux = aus dem Osten [kommt] das Licht).

Diese Orientierung ist dem Menschen seit Urzeiten von der Natur vorgegeben. Wir haben sie uns nicht selbst gegeben oder ausgedacht. Nach der Sonne zu leben ist deshalb sinnvoll. Pflanzen und Tiere tun es ebenso, sie befinden sich mit der gesamten Natur in Einheit.

Die Mystik gibt aufgrund ihrer Erfahrung das Bekenntnis ab: Auch die Wirklichkeit Gottes ist uns Menschen vorgegeben – weder ausgedacht noch gemacht. Und auch an ihr können wir uns orientieren.

Wenn wir in uns das innere Gespür für das göttliche Sein entwickeln, dann können wir uns besser nach dieser Wirklichkeit ausrichten und ihr annähern.

Es ist somit nur die Frage, ob wir uns mit diesem verborgenen Sein innerlich verbinden und wie stark oder überhaupt nicht.

Wenn wir gar nicht mit dieser Wirklichkeit rechnen, dann wird es schwer. Per Zufall ist das Ziel kaum zu erreichen. Zumindest schöne und auch große Seinsfühlungen sind dagegen für jeden Menschen immer und überall möglich, besonders in der Natur.

Für einen Menschen, der die verborgene Wirklichkeit des Seins entdecken möchte, geht es deshalb auch darum, das innere Gespür in sich zu erwecken und immer deutlicher wahrzunehmen. Das ist der Sinn einer guten Übung und Praxis. Je mehr wir in einen spirituellen Weg investieren und es auf richtige Art und Weise tun, desto deutlicher wird dieses natürliche innere Gespür, das uns sagt, wo es in der „Sache Gottes" langgeht.

Da die Wirklichkeit Gottes immer und überall da ist (wie die mystische Tradition betont), können wir uns praktischerweise auch stets nach dieser Präsenz ausrichten und orientieren.

Es ist die persönliche Meinung des Autors, dass Tiere genau das tun; denn sie leben auf natürliche unbewusste Weise stets in der Einheit mit Gott.

Sehr schön ist dies zu beobachten bei den zahlreichen Arten von Zugvögeln in Europa und weltweit. Wenn es kälter wird, so verlassen die Sommervögel ihre Heimatgefilde und ziehen in den wärmeren Süden, weil sie dort bessere Nahrungsbedingungen vorfinden.

Wir kennen sie: die Stare, Kraniche, Schwalben und Mauersegler; aber auch der Kuckuck und die Nachtigall sind hier staunend zu beobachten.

Viele Vögel vollbringen dabei eine Höchstleistung im wahrsten Sinne des Wortes: Schwäne wurden in Europa schon in über 8000 Meter Höhe gesichtet. Störche und Kraniche sind ihnen ebenbürtig und erreichen im Himalaya die gleiche atemberaubende Gebirgshöhe.

Zahlreiche Arten fliegen von den europäischen Ländern bis nach Südafrika und überwinden so tausende von Kilometern. Ein Meister auf dem Langstreckenflug ist die Küstenseeschwalbe, die von Grönland oder Alaska bis in die Antarktis 18 000 Kilometer Wegstrecke zurücklegt. Bei langen Distanzen fliegen die Vögel meistens in der Nacht unter dem Sternenhimmel.

Im nächsten Jahr zieht es die Zugvögel dann wieder in Scharen zurück zu ihren heimatlichen Brutgebieten, zur Freude der zahlreichen Vogelliebhaber.

Die Frage drängt sich auf: Wie machen sie das? Wonach orientieren sie sich? Was sagen die Wissenschaftler?
Vererbung spielt dabei eine Rolle und auch Gewohnheit; außerdem die Orientierung nach den Sternen, dem Lauf der Sonne, das Magnetfeld der Erde und markante Orientierungspunkte auf dem Land, die aus der Vogelperspektive weit sichtbar sind.

Die Forscher suchen dennoch weiter nach Antworten und zerbrechen sich den Kopf, denn ganz genau können sie es nicht erklären.

Sehr sympathisch ist dem Autor in diesem Zusammenhang die Mönchsgrasmücke: ein Singvogel, der in Europa weit verbreitet ist und einen hübschen Namen trägt. Wird es kälter, so macht der Vogel Urlaub im sonnigen Spanien, und manche ziehen weiter bis nach Südafrika. Vielleicht haben diese Vögel mit ihrer rotbraunen oder schwarzen Mönchskappe eine ganz, ganz besondere Verbindung zum Himmlischen.

Und hier kommt der Autor wieder zu dem bereits erwähnten Grund, warum die Zugvögel zu solchen außerordentlichen Leistungen fähig sind (neben den schon erwähnten bekannten Gründen):

Die Zugvögel können tausende von Kilometern zurücklegen und finden doch sicher ihr Ziel. So als trügen sie ihr Ziel in sich.

Und genau das tun sie! Aufgrund ihrer (unbewussten) Einheit mit Gott haben sie ein instinktives Gespür für das Ziel, mit dem sie auf nicht-duale Art verbunden sind – also vom Sein her nicht getrennt sind. (Ich verweise hier wieder auf das alles durchdringende Sein!)

Sie haben den Zielort (an dem sie schon einmal waren) real in sich, spüren ihn und können sich deshalb danach ausrichten. Die Zugvögel sind quasi unterwegs bereits am Ziel.

Solche Leistungen sind unglaublich und doch wahr; sie haben im Grunde etwas real Mystisches an sich:

das Nicht-Getrenntsein allen Seins.

Manchmal sehen wir Mystik als etwas „sehr Abgehobenes" – eigentlich ist sie etwas sehr Irdisches. Mystik ist nichts Widersinniges, sondern völlig natürlich.

Die verborgene Wirklichkeit, die in diesem Buch dargestellt wird, gehört zur Grundlage jeglichen Lebens auf der Erde und gibt zum Beispiel den Zugvögeln, aber auch den Aalen und Lachsen, erst die Möglichkeit, sich eindrucksvoll über sehr weite Entfernungen sicher zu orientieren.

Natürlich lässt sich diese Ansicht nicht beweisen. Nicht-Zweiheit kann nach außen hin sowieso nicht bewiesen werden, sie kann aber auch nicht widerlegt werden.
Jeder darf sich seine Meinung hier selbst bilden.

Was die Tiere können, das können wir Menschen auch: an der Wirklichkeit des göttlichen Seins teilhaben. Nur sollen wir es auf bewusste Weise tun, das ist dann der feine Unterschied. Und damit das gelingen kann, brauchen wir eine gute Orientierung für unser menschliches Verständnis. Und darum werden wir uns kümmern.

Im Mittelpunkt unserer Orientierung steht die mystische Erfahrung. Auf sie soll von mehreren Seiten aus hingedeutet werden.

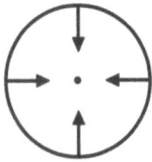

Deute ich nur mit einem einzigen Hinweis (Pfeil) auf die Mitte, so werde ich das Ziel mit Sicherheit verfehlen; vor allem, weil wir es mit einem unsichtbaren Mittelpunkt zu tun haben.

Zeige ich jedoch mit mehreren Hinweisen von verschiedenen Seiten auf die Mitte, so besteht die Möglichkeit, das Unsichtbare besser zu erfassen.

Ein offener und mitdenkender Mensch kann sich auf diese Weise dem zentralen Ereignis gedanklich und auch gefühlsmäßig annähern und damit vertraut werden. Das Unbekannte gelangt mehr und mehr in den Fokus der persönlichen Wahrnehmung und wird so allmählich in das eigene Leben integriert.

Dieses Hinweisen auf die Mitte erfolgt in einem Buch selbstverständlich nur mit den Mitteln des geschriebenen Wortes, ohne mündliche und direkte Unterweisung zwischen einem Lehrer und einem Schüler oder einer Schülerin – so wie es in den mystischen Traditionen üblich ist.

Wenn der Autor hier auf diese begrenzte Weise die Mystik beleuchten will, so kann er dies also lediglich mit dem Licht des Verstandes. Das bringt zwar am Ende noch keine vollständige Erfahrung für den Leser und die Leserin, doch wenn der Verstand erhellt wird, so mag der ganze Mensch mit Leib und Seele folgen – so er denn möchte.

Des Menschen Wille ist sein Himmelreich.

Was ist nun eine gute Orientierung?

Den eigenen Standort wahrnehmen, das Ziel sehen und Weg, Mittel und Methoden kennenlernen, mit denen wir zum Ziel gelangen können. Und dann heißt es:

Losgehen und sich hinbewegen.

Somit wird eine Standort-Bestimmung mit Bezug auf den westlichen Menschen sinnvoll sein, die Beschäftigung mit dem Weg und eine möglichst gute Vorstellung vom Ziel.

Da in diesem Buch das Ziel ein unsichtbares Geheimnis darstellt, legen wir besonders Wert auf eine lebensnahe Theorie und Praxis. Nur so kann eine spirituelle Suche erfolgreich sein.

Je besser Sie eine solche Orientierung für sich verständlich machen und verinnerlichen, desto sicherer sind Sie unterwegs und können Ihre jeweiligen Schritte bewusst setzen und überschauen.

Nur wenn ich ein Ziel im Blick habe und nicht aus den Augen verliere, kann ich es ansteuern und mich ihm annähern. Habe ich keinen geübten Blick, kein Gespür und auch kein echtes Verständnis dafür entwickelt, so fehlt mir bei der Suche der nötige Orientierungs-Sinn, und ich werde voraussichtlich nicht an mein Ziel gelangen.

Und dies möglicherweise trotz viel ehrlichen Einsatzes und großem Engagement. Das wäre sehr schade.

Wenn wir im Leben irgendwann merken sollten, dass wir eine falsche Richtung eingeschlagen oder uns verirrt haben, dann sind natürlich eine Umkehr und eine Neuorientierung jederzeit möglich. Doch wer möchte schon unnötige Wege gehen, wenn er ein schönes Ziel vor Augen hat?!

NUR DER KOMMT ANS ZIEL, DER EINS HAT.

Der Weg ist die Methode (gr. hódos = der Weg) und die Methode ist der Weg.

Welche Methoden und Mittel haben sich durch die mystische Tradition bewährt?

Welchen Stellenwert haben der Alltag und die Basis-Übung (das Sitzen in der Stille)?

Warum sind die Übung im Jetzt und das Leben im Jetzt so bedeutsam?

Mit diesen Fragen werden wir uns gut beschäftigen und somit in der Lage sein, einen konkreten und praxisnahen Weg zum unsichtbaren Geheimnis zu beschreiten.

Stein auf Stein – Schritt für Schritt
und das Unglaubliche wird wahr.

Mystische Tradition

Der Autor hat die Mystik nicht erfunden. Vor ihm haben viele Menschen aus Ost und West sich auf die spirituelle Suche begeben und sind bis zur Wirklichkeit der Nicht-Zweiheit und des ewigen Jetzt vorgedrungen.

Diese Menschen aus verschiedenen Kulturen und Religionen, aus verschiedenen Zeiten und an verschiedenen Orten haben sich die gleichen existentiellen Fragen gestellt wie jeder Mensch von heute.

Woher? Wohin? Was ist der Sinn?

Dabei haben sie sich nicht mit verbalen Antworten zufriedengegeben, sondern sich der Praxis und Übung eines spirituellen Weges gewidmet, bis sie schließlich das Geheimnis des Lebens durch eigene Erfahrung entdeckt haben. Darüber gibt es viele Aufzeichnungen, Texte und überlieferte Schriften, welche die reichen Erfahrungen in Bezug auf die göttliche Wirklichkeit widerspiegeln.

Diese Menschen zählen wir zur „Philosophia perennis" („Ewige Philosophie"), weil sie alle das eine ewige Geheimnis gefunden haben. So bemerken wir bei diesen zahlreichen Mystikern und Mystikerinnen sowohl die kulturelle, religiöse und sprachliche Vielfalt, aber auch die erstaunliche Ähnlichkeit und Übereinstimmung der Erfahrung.

Beide Aspekte sind wichtig: die Identität der zentralen Erfahrung (der Mittelpunkt in unserem „Orientierungskreis") und die Vielfalt in der Erscheinungsweise.

Die eine göttliche Wahrheit wird auf verschiedene Weise erlebt und beschrieben.

Im Mittelpunkt der „Ewigen Philosophie" steht die mystische Einheits-Erfahrung, so wie sie auch in diesem Buch beschrieben wird. Diese Erfahrung ist wiederholbar für jeden Menschen, der einen vergleichbaren authentischen Weg geht.

So betrachtet der Autor diese Lebens-Philosophie auch ausdrücklich nicht als eine Lehre, über die stundenlang, tagelang und jahrelang ausführlich nachgedacht, gelesen und diskutiert wird; womöglich, um die Theorie noch zu verfeinern.

Nein, der Schwerpunkt liegt darauf, die Nicht-Zweiheit allen Seins im eigenen Leben konkret werden zu lassen und leibhaftig zu verwirklichen!

Meister Eckhart, der große deutsche Mystiker des Mittelalters (geboren um 1260), sagt es auf seine Weise:
Wir sollen „Lebemeister" sein und nicht „Lesemeister".

An der „Ewigen Philosophie" können wir uns vertrauensvoll orientieren. Ihre Erfahrungen sind tiefgehend, umfassend, universell und somit zuverlässig. Ihre Vertreter finden sich in Christentum, Buddhismus, Hinduismus, Taoismus und anderen religiösen Strömungen.

Im Grunde gehört jeder Mensch zu dieser Tradition, der diese tiefgehende Erfahrung gemacht hat, egal wann er gelebt hat.

Denn diese Lebens-Philosophie ist ewig.

Ist Mystik immer ein Geheimnis?

Menschen kennen unzählige Geheimnisse: Bankgeheimnis, Briefgeheimnis, Beichtgeheimnis, Familiengeheimnis und viele mehr.

Geheimnisse haben alle etwas gemeinsam: Einige Menschen kennen sie, die meisten jedoch nicht. Je größer ein Geheimnis, desto weniger Menschen ist es bekannt. Das Geheimnis wird gehütet. Es auszuplaudern kann ernsthafte Konsequenzen nach sich tragen (Betriebsgeheimnis, Staatsgeheimnis, Geheimnisverrat).

Manchmal kommt ein Geheimnis an die Öffentlichkeit. Dann handelt es sich um Informationen, die jemand bezeugen kann oder durch Dokumente belegen kann. Schon weiß es die ganze Welt, und das Geheimnis ist für immer gelüftet.

Es gibt so viele Geheimnisse auf der Welt. Wie können wir dann annehmen, dass ausgerechnet Gott als letzte Wirklichkeit kein Geheimnis sein soll??

Oder sollte es einfach zu lösen sein? Sollte es etwa nur genügen, möglichst viele Informationen, Daten und Fakten auf der Welt zu sammeln?

Ohne Tugend, denn die wäre dafür überflüssig; ohne Menschlichkeit und tätige Nächstenliebe, denn die wären dann nämlich auch überflüssig. Ohne Pflanzenschutz, Tierschutz, Umweltschutz und verantwortungsvolles Handeln in der Welt?

Nein, so simpel können Gotteserkenntnis und Gottesbegegnung nicht sein. Das wäre dann ein billiges Geheimnis, aber kein Gott, um den sich ein Mensch ernsthaft bemühen müsste.

Also muss es sich bei dem „Rätsel Gott" um ein schwieriges Rätsel handeln. Wäre Gott als letzte Wirklichkeit ein Geheimnis wie jedes andere, dann hätte es im Laufe der Menschheits-Geschichte schon irgendjemand verraten und nun wüssten es alle. Ein für alle Mal wäre es jedem bekannt und zugänglich. Doch dem ist nicht so.

Auch die Tatsache, dass ein Großteil der Menschen glaubt, es gäbe gar kein solches Geheimnis und diese Menschen sich ihrer Sache ziemlich sicher scheinen, sollte uns nachdenklich stimmen.

Und schließlich: Wieso begegnet uns nicht an jeder Straßenecke in der Welt ein Mensch mit mystischer Erfahrung, um mit uns bei einer gemütlichen Tasse Kaffee über Gott und die Welt zu plaudern?

Die göttliche Wirklichkeit muss wahrlich ein ungewöhnliches Geheimnis sein, von ganz besonderer Art und damit ganz anders als alle üblichen Geheimnisse, die Sie als Mensch kennen oder kennen könnten.

Als Autor gebe ich Ihnen zu dieser wichtigen Frage meine persönlichen zwei Hauptgründe dafür, warum das Geheimnis der verborgenen Wirklichkeit so besonders ist:

1) Die entscheidende mystische Erfahrung zu erlangen, die das Geheimnis ganz erlebbar und verstehbar macht, ist sehr schwer und braucht gewöhnlich viel, viel Übung. (Deshalb am besten gleich anfangen mit üben, üben, üben.)

2) Das letzte Geheimnis kann vom Verstand niemals erfasst werden, da es durch Nicht-Zweiheit gekennzeichnet ist. (Die beiden „identischen" Zwillinge.)
(Deshalb am besten gleich anfangen mit üben, üben, üben.)

> „Wie lange soll ich üben?"
> „Bis du nicht mehr aufhören möchtest."

Wenn der Autor das übliche Wort „Gott" für die letzte Wirklichkeit verwendet, so vergisst er nicht, dass in den verschiedenen Kulturen und Religionen für Gott verschiedene Namen und Begriffe verwendet werden. Diese sind für den spirituellen Weg des Einzelnen innerhalb seiner Religionsgemeinschaft auch sehr wichtig und stets mit zu beachten.

Ich meine aber auch, dass die Begriffe selbst letztlich nicht das Entscheidende sind; denn es geht nicht um die Namen selbst, sondern um das, was real damit gemeint ist und vom spirituellen Menschen als beglückende und selige Erfahrung gesucht wird. Das Wort „Geheimnis" dürfte somit eine passende Bezeichnung sein.

Nein, Mystiker sind keine Geheimniskrämer. In der reichhaltigen Geschichte der Mystik hat es viele bemerkenswerte Vertreter der göttlichen Erfahrung in vielen verschiedenen Religionen gegeben, authentisch und überzeugend.

Wer den Duft der Mystik kennt, sieht auch das alle verbindende eine Geheimnis, von dem die verschiedenen Mystiker berichten. Beiträge und Schriften darüber gibt es jedenfalls reichlich.

Mystiker haben immer wieder von ihrer Erfahrung gesprochen oder darüber geschrieben. Wer ihnen glaubte und sich auf den gleichen mühevollen Weg machte und ihn bis zum süßen Ende ging, wurde mit Gewissheit belohnt, und das vorherige Vertrauen sowie der Glaube wurden vollauf bestätigt und erfüllt.

Dennoch bleibt ein großer aufgeklärter (?) Teil der Weltmenschheit von diesen Zeugnissen unberührt und unbeeindruckt.

Wenn die verborgene Wahrheit einigen Menschen so real ist und so viele andere Mitmenschen die Mystik dennoch leugnen oder ignorieren, dann muss es sich wahrlich um ein ungewöhnliches Geheimnis handeln, schwer zu ergründen.

Genau, so ist es.

Es ist einfach nicht möglich, dass jemand das Geheimnis entdeckt, danach der Menschheit bereitwillig und offenherzig mitteilt und schon verstehen es alle und wir leben gemeinsam in heiterer Freude, friedlich und glückselig. Das wäre zu schön. So leicht hat es uns der liebe Gott leider nicht gemacht.

Das Geheimnis besteht keinesfalls in einer Information oder verbalen Mitteilung, nicht in einem intellektuellen Faktenwissen oder einer sonstigen mentalen Erkenntnis. Das sollte ein denkender Mensch prinzipiell begreifen, wenn er dem Geheimnis näherkommen möchte.

Die mystische Gotteserfahrung verlangt den ganzen Menschen, mit allem, was zu ihm gehört: Leib, Gefühl, Verstand, Wille .... und was auch immer Ihnen noch zum Menschen einfällt.

Und zu einer ganzen Person gehört natürlich auch sein Handeln. Das eigene Tun in der Welt darf nicht dem ehrlichen Streben nach Gottesbegegnung entgegenstehen. Auch das gehört zur Einheit des Menschen.

Zwar muss kein Mensch als Heiliger durch die Straßen wandeln – zu frommes Gebaren kann auch Eitelkeit bedeuten –, aber Ehrlichkeit und Aufrichtigkeit sollten schon dazugehören.

★

Im Prinzip wurde von Mystikern der ganzen Welt bereits alles gesagt und dies auf mannigfaltige Weise. Jedoch wird es immer so sein: Wer zuhört und nur seinem eigenen Verstand traut und nur das glaubt, was für seinen eigenen Verstand verstehbar ist, der wird von seinem negativen Urteil auch nicht abrücken. Er glaubt nur, was er sehen und verstehen kann.

Nur merkwürdig: Dem Mystiker erging es einmal ebenso. Auch er hat zunächst nicht verstehen können und Gottes Geheimnis nicht (ein)sehen können. Doch er ist einen Weg gegangen, bei dem am glücklichen Ende die Einsicht vorhanden war; und nicht umsonst sprechen wir in der Mystik auch von der „Schau Gottes".

Der Außenstehende mag nach wie vor seinen Kopf schütteln (genau, um diesen Körperteil geht es!), sein Unverständnis kundtun und sich über die geheimnisvolle Art des Mystikers wundern. Aber warum sich sein Verstand nur wundern kann, ohne wirklich zu verstehen oder zu wissen, darüber sollten Sie sich, lieber Leser und liebe Leserin, am Ende des Buches nicht mehr wundern!

★

Bilder und Vergleiche sind nützlich

Was macht ein Mystiker, wenn es um ein Geheimnis geht, das eigentlich gar nicht zu begreifen ist und unsichtbar (er)scheint? (So wie die abwesende Sonne unsichtbar scheint, in Wirklichkeit aber unaufhörlich weiterstrahlt.)

Er versucht es mit einfachen Bildern und Vergleichen, Geschichten und konkreten Erlebnissen aus dem eigenen Leben.

Bilder und Vergleiche sind nicht die letzte Wirklichkeit selbst. Sie wollen nur mit einfachen Mitteln auf etwas Wichtiges aufmerksam machen, ohne die Komplexität des Lebens zu berücksichtigen. Deshalb können Vergleiche auch prinzipiell immer hinken. Das bedeutet, sie hinken hinter der Realität hinterher und erreichen sie nicht. Wollen sie auch gar nicht. Sie sind nur Hinweise!

Ihre Aufgabe ist einfach und begrenzt. Daher können sie auch immer kritisiert oder verworfen werden. Sie in ihrer wesentlichen Aussage anzunehmen, wäre der gewünschte Gewinn.

Den Menschen erkennen

Es gibt viele Geheimnisse, auf die wir neugierig sein können und die wir am liebsten durchschauen möchten. Das größte Geheimnis ist wohl der Mensch selbst. Seitdem er vor tausenden von Jahren die Fähigkeit erworben hat, über sich und sein Dasein in der Welt nachzudenken, sucht er unermüdlich nach einem letzten Sinn und umfassenderen Verstehen.

Jeder einzelne Mensch tut dies auch heute noch ganz genauso, sobald er sein Leben reflektieren kann. Die Frage nach uns selbst lässt uns nicht los.

Wenn wir nach dem Menschen fragen, so erhalten wir verschiedene Antworten: zum Beispiel vom Soziologen, Biologen, Psychologen, Philosophen und vielen anderen. Alle können für einen Menschen wichtig sein und ihm das Verständnis über seine Welt erweitern.

Mystiker geben eine andere Art von Antwort:

Sie sind bis in das Wesen des Menschseins vorgedrungen, weil sie nicht locker gelassen haben und die richtigen Methoden gefunden haben, um das Geheimnis Mensch zu ergründen. Und danach waren die existentiellen Fragen von vorher verschwunden.

Dies ist ein typisches Merkmal dafür, wenn ein Mensch sein eigenes Geheimnis ergründet hat. Die Antwort ist allumfassend und überzeugend. Nach einer weiteren Antwort zu suchen ....

Diese Notwendigkeit gibt es dann nicht mehr.

„Unbewusste mystische Erfahrung"

Eines möchte ein Mystiker ganz bestimmt nicht. Nämlich so tun, als sei die göttliche Wirklichkeit sehr weit weg vom Menschen und seinen Lebens-Situationen.

Im Gegenteil, gerade die mystische Erfahrung macht auf äußerst überraschende Weise deutlich, dass die Wirklichkeit Gottes überall gegenwärtig ist und somit grundsätzlich überall auch erfahrbar ist. Und mehr als überall geht nicht.
(Mögliche Fragen hierzu werden uns später wieder begegnen.)

An dieser Stelle sei betont: Der Mystiker spricht nie über eine ferne letzte Wirklichkeit, sondern über eine göttliche Wahrheit, die im Jetzt gegenwärtig und fühlbar ist. Vielleicht mal weniger oder mal mehr, vielleicht nur als Ahnung, aber sie ist grundsätzlich immer spürbar. Und es könnte ja auch einmal mehr sein.

Auch Sie kennen Erlebnisse, die der letzten nicht-dualen Wirklichkeit und damit dem Geheimnis des Lebens näherkommen. Der Autor nennt sie „unbewusste mystische Erfahrung", weil Menschen sie weltweit zwar als etwas Besonderes erleben, ihnen aber nicht bewusst ist, welche nicht-duale Wirklichkeit eigentlich dahinter verborgen liegt.

Solch eine Seinsfühlung ist zum Beispiel in der Musik möglich.

Sie gehen vielleicht zu einem Symphoniekonzert und haben sich auf den festlichen Anlass schon sehr gefreut und sind dadurch innerlich ganz offen. Sie nehmen Ihren Platz im Konzertsaal ein, so wie jeder andere Besucher auch. Der Saal und die Ränge sind gefüllt. Alle sind gespannt auf das musikalische Hoch-Ereignis.

Und während zu Beginn des Konzertes alle Menschen unruhig und zerstreut sind vom Geschehen des Tages, so ist nach einer geraumen Zeit jeder Musikliebhaber voll und ganz angekommen und mittendrin in dem musikalischen Genuss.

Je länger sich die Menschen auf die Musik einlassen, desto spürbarer wird für jeden Einzelnen im Saal diese große Einheit unter den Zuhörern, geschaffen durch die vereinende Musik.

So als würde die individuelle Verschiedenheit unter uns Menschen keine (ent)scheidende Rolle mehr spielen, sondern die alles durchdringende Musik auch die Einheit unter den Besuchern selbst herstellen. Das ist eine Fühlung des Seins, welches lückenlos durch alle Menschen hindurchgeht.

(Dem Buddhismus verdanken wir hier das passende Wort von der „gegenseitigen Durchdringung".)

Dieses Gefühl im Konzertsaal mitten unter all den vielen Menschen ist angenehm und befreiend. Ich nenne das gerne:

> ein Bad in der Menge nehmen.

Wenn Sie sich jetzt noch vorstellen können, verehrte musikalische Leserschaft, dass zwischen all den unterschiedlichen Menschen eine Art „unsichtbarer Schleier" fällt und damit alle Trennung zwischen den Menschen wegfällt, dann haben Sie das, was ein Mystiker als Nicht-Zweiheit bezeichnet.

(Es sind jetzt plötzlich „sehr viele identische Zwillinge" da, um unser früheres Bild wieder aufzugreifen. Unglaublich, aber wahr!)

Ein Erlebnis der Einheit ohne wirkliche Trennung zwischen den Menschen. Die Individualität des Einzelnen bleibt dabei unangetastet. (Einheit und individuelle Verschiedenheit. Beides gehört zusammen.)

Von dieser besonderen Erfahrung handelt dieses Buch.

Mystik kann und will erlebbar sein, auch für Sie. Daher folgen jetzt noch andere Beispiele, durch die Sie in Richtung nicht-duale Erfahrung hinfühlen können.

Einmal war der Autor als Zuhörer bei einem interessanten Vortrag. Die Person hatte ihr Thema sympathisch, freundlich und gefühlvoll vorgebracht.

Dann ging es um die Liebe und ich warf ein, dass ich davon ausgehe, dass Liebe bedeutet, mit einem anderen Menschen eins zu sein. Sofort kam eine abwehrende Antwort, das könne gefährlich sein, denn man könne sich dabei verlieren, selbst aufgeben. Nun, ich war überrascht. Welche Antwort hätten Sie gegeben?

Der Autor betrachtet es so: Gerade die Liebe ist besonders dafür geeignet, dem Geheimnis der Einsheit näherzukommen. Als zwischenmenschliche Erfahrung von liebenden Paaren kann Liebe die Grenze zwischen dem Ich und dem Du überwinden – Gott ist Liebe, sagt die Religion – und so zu einer echten Seinserfahrung führen, welche die Ewigkeit spüren lässt.

Dabei geht das Ich nicht verloren, sondern es wird bereichert durch das Du in einem – folgendes Wort ist hier körperlich und wörtlich zu nehmen – umfassenden Erlebnis der Einheit.

Nicht umsonst gibt es in den Religionen auch die Liebesmystik, bei der die menschliche Vereinigung als Bild betrachtet wird für die Verschmelzung des Liebenden mit Gott. Es versteht sich, dass bei einem solchen mystischen Pfad die Gefühle des Menschen sehr stark angesprochen sind.

Der Autor betrachtet die emotionale Liebesmystik als die Großzügigkeit Gottes (anthropomorph gesprochen, also in menschlicher Weise), die Menschen in all ihren Bereichen anzusprechen und einzuladen. Jeder Mensch hat seine Stärken im mentalen, körperlichen oder gefühlvollen Bereich und kann diese Stärken für einen Weg der Spiritualität einsetzen.

Zwar sind alle Bereiche für jeden einzelnen Menschen von Bedeutung, doch hat auch jeder verschiedene Voraussetzungen und Möglichkeiten. Diese gilt es zu beachten und zu wertschätzen.

Noch bei einer anderen Situation kann die Liebe zu einer Seinsfühlung von Nicht-Zweiheit führen; nämlich bei der Schwangerschaft und Geburt.

(Trost für den Mann: In der Mystik ist es ein normales Bild, dass der Mensch allgemein von Gott „schwanger werden" kann, um ihn zu „gebären". Glück gehabt, liebe Kollegen.)

Jedenfalls ist die Liebe eine so intime Erfahrung (lat. intimus = innerste, innigste), dass die Grenzen schwinden können und glückseligem Empfinden Raum gegeben wird.

Wie könnte es dafür ein schöneres Bild geben als eine schwangere Mutter, die eins ist mit einem neuen Menschengeschöpf!

Solche Seinsfühlungen machen deutlich, was die Gaben einer nicht-dualen mystischen Erfahrung sind:

umfassende Freude, Genuss, inneres Glück, Zufriedenheit, Verbundenheit mit der Welt und andere schöne Empfindungen.

DRITTES KAPITEL
DER WESTLICHE MENSCH

Verstand ist gut, aber ...

Lassen Sie mich raten. Sie lesen gerade ein Buch.

Um die jetzigen Sätze zu verstehen, brauchen Sie Verstand. Ich verrate Ihnen: Beim Schreiben dieser Sätze ging es mir genauso.

Also ist Verstand schon mal etwas Gutes. Mit dem Verstand können wir uns verständigen. Wir können als Menschen für die Situation des Anderen Verständnis zeigen. Selbstverständlich brauchen wir unseren Verstand auch für die täglichen Dinge des Lebens. Ohne ihn könnten wir unseren Alltag nicht meistern, keine Frage. Wir haben allen Grund, dem Verstand dankbar zu sein! Sind wir auch.

Durch ihn verstehen wir die Welt und uns selbst. Das ist seine Aufgabe und Funktion. Deshalb haben wir Menschen gelernt, mit dem Verstand umzugehen. Er ist für uns lebensnotwendig und daher ein Segen.

Der Verstand kann aber nicht alles; auch er ist in seinen Möglichkeiten begrenzt. Existentielle Fragen wie nach einem letzten Sinn oder die Frage nach der Ewigkeit kann er zwar stellen, jedoch nicht überzeugend und eindeutig beantworten.

Gibt es eine göttliche Wirklichkeit? Kann sein, kann nicht sein. Vielleicht, vielleicht auch nicht. Ich weiß es nicht, aber ich glaube daran. Nein, daran glaube ich nicht.

Der Verstand zweifelt, und Zweifel bedeutet Zweiheit.
Und mit dem Verstand zweifelt auch der Mensch.

Er verzweifelt an dieser Situation. Denn über seine letzten Fragen bekommt er keine Gewissheit, auch nicht über den Tod. Die Zweifel des Verstandes sind eben keine eindeutige Antwort auf die drängenden existentiellen Fragen.

Der Verstand kann aber keine andere Antwort geben, denn er arbeitet nur in Zweiheit und Vielheit. (Hinweis: Wir haben zwei Gehirnhälften.) Wir dürfen ihm dies nicht übelnehmen. Woher soll er es denn wissen, wenn die Antworten über seine dualen Möglichkeiten hinausgehen???

Das heißt aber nicht,
dass diese Fragen nicht beantwortbar sind!

Ein Mystiker – auch mit Verstand, nicht ohne – kann nur immer wieder darauf hinweisen, dass die Antwort auf die letzte Wirklichkeit oder das Dasein Gottes (egal, welche Begriffe gewählt werden) eine nicht-duale Antwort ist, die mit dem eigenen ganzen Menschsein erfahren werden will in einem sogenannten mystischen Erlebnis der Einheit (= Nicht-Zweiheit) mit Gott und der Welt.

Der Verstand kann diese Antwort nicht geben.

Wird diese grundsätzliche Unmöglichkeit des Verstandes erfasst (und dazu ist ein verstehender Mensch durchaus in der Lage), so erhält die Mystik ihre folgerichtige Logik; selbst wenn die letzte Erfahrung und damit die Gewissheit noch fehlt.

Dieses Eingeständnis wäre ein gelungenes Verständnis über den Menschen und somit schon mal ein richtig guter Anfang!

Wir wollen noch auf andere Weise zu der eben gewonnenen Schlussfolgerung gelangen, um die mystische Weltsicht noch besser zu verstehen. Was sie kann und möchte und was eine Welt ohne Mystik eben nicht geben kann.

Unser Verstand und Denken arbeitet mit Worten und Begriffen. Das hat er gelernt. Sie gehören zu seinem Funktionieren. Mit Worten benennen wir die 1000 Dinge der Welt, gehen zur Arbeit, kaufen Waren im Geschäft, verabreden uns mit Freunden am Telefon. Wir tun dies mit großer Selbstverständlichkeit. Wir begegnen unserer Welt mit unserem Verstand. Und der Verstand kann dies erfolgreich und kompetent, weil er mit Worten, Begriffen und Namen umgehen kann. Für eine Welt-Erfahrung ohne Mystik ist dies völlig ausreichend.

Im Abschnitt über Worte, Wörter und Realität haben wir uns damit auseinandergesetzt, dass Worte nicht mit der Realität identisch sind, sondern lediglich auf sie hinweisen.

Das Wort „Rose" ist nicht die Rose selbst. Mit dem Wort „Wasser" können Sie die Rose nicht gießen. Und wenn die Rose kein Wasser bekommt, dann wächst sie auch nicht und blüht nicht und versprüht auch keinen Rosenduft. Oder können Sie ihn riechen?

Wenn Worte nur wie Hinweisschilder sind, die auf eine Realität hindeuten, aber nicht selbst die Realität sind und der Verstand genau mit diesen Worten arbeitet, dann dürfte doch klar sein: Er kann mit seinen Mitteln nicht völlig die Realität der Welt erfassen.

(„Völlig" bedeutet wieder in unserem mystischen Sinn: nicht-dual, das Geheimnis der Welt erkennend.)

Die Welt der Worte und damit die Welt des Verstandes ist nicht identisch mit der wirklichen Welt. Wollen wir diese letzte Wirklichkeit erfahren, müssen wir jenseits der Worte und damit auch jenseits des Verstandes gelangen. Das ist der Sinn und die Aufgabe der Übung in Stille, in der alle Worte zur Ruhe gebracht werden. Dann zeigt sich das Gesicht der wirklichen Welt:

Wir sind nicht von ihr getrennt.

Verstand – Worte – Realität

Es lohnt, sich darüber Gedanken zu machen.

Probe aufs Exempel

Sie haben dieses Buch bis jetzt verstanden? Gut!
Und Sie möchten gleich mal spontan wissen, wo Sie stehen? Nur für sich selbst? Noch besser.

Dann machen Sie einfach eine Probe aufs Exempel.
Ihr Autor denkt da an eine Stille-Übung für 20 Minuten. Als Erholung zum Lesen. Und als Zeit zum Wirkenlassen des Buchinhalts ist es ebenfalls sinnvoll.

Sie können nichts falsch machen. Keiner schaut zu, der Autor auch nicht, versprochen. Sie werden einfach spüren, wer Sie im Moment sind, 20 Minuten lang.

Ist das nicht schön!
Ein bisschen Mut tut gut.
Den haben Sie doch sonst auch im Leben!
Oder?

Für die einfache Übung heißt es: Sich bequem aufrecht hinsetzen, die Aufmerksamkeit weilt in der Leibmitte, wo die Bauchdecke sich hebt und senkt. Dort verweilen. Den Atem einfach fließen lassen und geschehen lassen und einfach nur da sein. Dabei die Augen schließen.

Ach ja, das Buch bitte noch zur Seite legen. Für die nächsten 20 Minuten ist sowieso eine Pause vorgesehen.

Hat Ihnen die Stille gut getan?
Dann kann es jetzt weitergehen.

Wenn Sie etwas über die verborgene Natur des Menschen wissen wollen und gehen zu einem Zen-Lehrer nach Japan, der in der nicht-dualen Erfahrung bewandert ist, dann wird er Ihnen keinen Vortrag halten mit vielen Worten. Er wird Ihnen auch nicht sagen: Gehen Sie in das Internet, dort finden Sie alles.

Er weiß genau, wo Sie fündig werden können, weil er diesen Weg bereits gegangen ist. Und weil er Fachwissen hat und weiß, was nötig ist, schickt er Sie sogleich in die Übung der Stille, denn dort ist der richtige „Ort".

Kulturgeschichte

Wir haben im Westen eine Kulturgeschichte, die uns bis heute prägt. Diese Kulturgeschichte ist auch verbunden mit einer langen und erfolgreichen Tradition des Verstandes. Da wären zunächst die griechischen Denker und Philosophen (Aristoteles, Seneca, Sokrates, Heraklit, Parmenides, Pythagoras). Auch Deutschland ist für seine Dichter und Denker berühmt (Schiller, Goethe, Fontane, Kant, Hegel, Leibniz und wie sie alle heißen).

Die ganzen Jahrhunderte der Erfindungen, Entdeckungen und Forschungen in den Wissenschaften, die Errungenschaften der Technik. Das alles sind Leistungen des Verstandes und inneren Einsatzes. Und diese Entwicklung wird weitergehen.

Der Verstand hört nie auf, tätig zu sein. Er will immer mehr und immer weiter .... ohne Ende ....

Von dieser Dynamik im Westen sind wir alle betroffen. Wir sind Teil davon und sind immer auch Kinder unserer Zeit. Sich mit dieser Dynamik des Denkens und Denkens und Denkens und Weiterdenkens zu beschäftigen, wäre dringend nötig und unbedingt heilsam.

DENN DER MENSCH IST MEHR
UND ER MÖCHTE AUCH MEHR!

Was der Verstand erkennen kann, ist eine duale und vielfältige Welt, komplex und kompliziert, unüberschaubar in seinen Einzelheiten; mit zigtausenden von Details und hunderten von Themen auf dutzenden verschiedenen Gebieten.

Der Verstand kennt vieles, aber nicht das Eine, nämlich die alles durchdringende einheitliche Welt-Wirklichkeit.

So gibt es eine Welt-Wahrnehmung, die mit dem Verstand vieles in der Welt versteht und uns anbietet. Die mystische Erfahrung kennt vor allem das Eine, das große spirituelle Geheimnis, das dem nur weltlichen Menschen unbekannt ist und fehlt.

Eine weltliche Gesellschaft mit ihrer Wirtschaft, Politik, Wissenschaft, Finanzwesen und so weiter kann eines nicht anbieten: die lebendige und erfahrene Antwort auf die existentielle Frage nach der letzten Wirklichkeit des Lebens und des Menschen. Das kann nur die Religion und die Mystik.

Und so muss sich der einzelne Mensch, insofern er wirklich an einer existentiellen Antwort interessiert ist, überlegen, ob er in einer Welt ohne Mystik leben möchte; oder ob er neue Schritte auf einem für ihn neuen Gebiet der mystischen Erfahrung gehen möchte.

Ein erfolgreiches Leben in der Welt sowie das Suchen nach der existentiellen Antwort durch die mystische Erfahrung:

beides zusammen wäre erstrebenswert.

Leben mit oder ohne Mystik?

Kann der westliche Mensch ein erfülltes und glückliches Leben führen ohne Mystik?

Die weltliche Realität zeigt zumindest: Die meisten Menschen interessieren sich nicht dafür oder haben davon noch nicht viel gehört oder haben dafür keine Zeit, weil sie mit dem täglichen Leben zu sehr beschäftigt sind.

Der Autor meint:
Wenn ein Mensch nur eine vage Vermutung und mangelhafte Vorstellung von dem hat, was mystische Erfahrung eigentlich ist, was sie will und kann, wie will er dann frei entscheiden können, ob solch ein Weg Bedeutung für ihn hat oder nicht?

Für manche jedenfalls ist es das größte Abenteuer ihres Lebens!

Ein Mensch sollte in seinem Leben zumindest die Möglichkeit haben, sich mit diesem spannenden Thema zu beschäftigen. Daher ist der Autor auch bei der Darstellung des Themas um die Nähe zur versteckten Wirklichkeit bemüht, damit Mystik dadurch greifbarer und verstehbarer wird.

Erinnern wir uns an das Symphoniekonzert und die nicht-duale Einheit unter den Besuchern, die ahnungsweise (unbewusst) für die Menschen spürbar ist.

Sie können sich die vielen 100 Personen im Konzertsaal anschauen, Sie könnten alle persönlich mit Namen kennen. Sie können sehen, was die Gäste alle für eine festliche Garderobe anhaben und wie gepflegt die Frisuren sind. Und Sie können über alle diese Menschen und die Musik und die schöne Stimmung nachdenken mit Ihrem Verstand, aber die mystische Sicht der Nicht-Zweiheit ist auf diesem Wege nicht zu erreichen.

Und wenn Ihnen (den Nicht-Mystiker) in diesem Moment ein Mystiker die Frage stellt: „Ist diese (nicht-duale) Einheit nicht schön?!", so würden Sie gar nicht verstehen, was Ihr glücklicher Nachbar meint und ihn möglicherweise für einen sonderbaren Musikliebhaber halten.

Erst wenn für Sie der „Schleier der Zweiheit und Vielheit" fallen würde, dann verstünden Sie Ihren Sitznachbarn (wortlos, ohne zu überlegen, versteht sich) und Sie teilen mit ihm den stillen Genuss der nicht-dualen Einheit und natürlich die schöne klassische Musik.

So ist dies das Wichtigste, was Ihnen ein Mensch, der mit Mystik vertraut ist, zunächst sagen kann: Mit Reflexion, Worten und mit dem Verstand allein ist dieser befreiende Zustand nicht zu erreichen.

(Und das sagt Ihnen ein Autor, der sich jahrzehntelang gerne mit Worten beschäftigt hat und diesen Worten außerdem noch sehr viel verdankt!)

Es braucht einen entsprechenden spirituellen Weg, der tatsächlich auf dieses große Ziel hin angelegt ist. Das heißt: Es braucht Übung im Alltag sowie die Stille der Sitz-Meditation.

Und es ist klar: Wenn solch ein Weg gelingen soll, dann müssen wir außerdem die Eigenheiten des Verstandes berücksichtigen.

Der überhebliche Verstand

Als Babys kamen wir auf die Welt, meist mit dem Kopf voran. Der Erde waren wir in unserer ersten Lebenszeit körperlich noch sehr nah – bis wir uns auf die eigenen Beine gestellt haben. Dadurch war die Erde mit dem Himmel verbunden. Die Richtung nach oben war uns vorgegeben, denn wir wollten von Anfang an hoch hinaus.

Als Erwachsene wachen wir jeden Morgen auf und stellen jedes Mal aufs Neue die Verbindung zwischen unten und oben her, zwischen Herkunft und Bestimmung, nämlich durch eine aufrechte Körperhaltung. Der Kopf ist oben und zum Himmel gerichtet.

Auf diese erhöhte Weise überblicken wir mit unserem Verstand die Welt der 1000 Dinge und haben die Welt im Griff mithilfe von 1000 Worten und Begriffen. Viel mehr kann der Verstand nicht leisten. Lebensbewältigung, Arbeit, Familie, Freizeit. Sich in der Welt zurechtfinden, wohlfühlen und materiell sicher fühlen. Das alles ist erstrebenswert und auch gut so.

Mehr Himmel auf Erden geht nicht mit dem Verstand allein. Denn eine Antwort auf existentielle Fragen können der Verstand und sein Denkapparat nicht geben. Versucht er es trotzdem und folgt somit einem gewissen Trieb, so vermag er keine letzte Gewissheit zu geben und muss daher scheitern.

Versucht er es mit mehr Leistung und Anstrengung und mit noch mehr Denken und Worten, so führt das nur zu Hirngespinsten und geistigen Höhenflügen oder zu Kopfschmerzen.

Will der Mensch mit seinem erfinderischen Verstand noch mehr Himmel auf Erden schaffen – wer könnte es ihm verübeln, denn das ist sein Bedürfnis und die Bestimmung seines Menschseins –, so verliert der Mensch an Bodenhaftung und Erdverbundenheit.

Die Folgen sind: Ausbeutung der Naturressourcen, Vermüllung der Welt, Vergiftung der Atemluft, Geringschätzung der natürlichen bäuerlichen Tätigkeit und damit verbunden auch eine Abwertung von natürlicher Nahrung, gleichzeitig massenhafte Zunahme der Industrie-(Un)Kost, mangelnder Pflanzenschutz oder Tierquälerei und viele andere zum Himmel schreiende Missstände.

Will der Mensch mehr Himmel auf Erden, so darf der Weg nicht weiter nach oben führen in luftige lebensunwirkliche Höhen des Verstandes, sondern zurück in das erdverbundene Leben. Mitten im Alltäglichen ist eine Antwort zu finden. Das ist die Weisheit der Mystik, welche die Einheit allen Seins in einer äußerlich widersprüchlichen und komplizierten Welt zu entdecken weiß.

Der Ort dieser Verwirklichung ist der Mensch selbst, denn er will die göttliche Wirklichkeit schließlich erkennen. Bei diesem edlen Vorhaben ist der ganze Mensch gefordert, insbesondere sein Leib, der eine wesentliche Rolle spielt für einen gelungenen Weg der spirituellen Erfahrung.

Lob der Leibmitte

Der günstigste „Ort" im Leib für die Vertiefung in das menschliche Geheimnis ist nicht der Verstand der 1000 Worte, sondern die Leibmitte des Menschen (wie später auch bei der Stille-Übung zu sehen sein wird). Dieser bedeutsame Hinweis gilt vor allem für den kopflastigen westlichen Menschen.

Nur in der eigenen Leibmitte vermag der Mensch die Balance zwischen Erde und Himmel, Füße und Kopf, nährender Bodenhaftigkeit und gedanklicher Freiheit zu finden und dauerhaft zu bewahren.

Die Füße des Menschen bleiben in der Erde verwurzelt, und der Kopf bewahrt den Überblick über die Welt der Vielfältigkeiten. Der Mensch verweilt in seiner Mitte und ist von diesem Ort aus mit seiner Wachsamkeit schnell in seinen Füßen als auch in seinem Kopf. So kann die Ganzheit des Leibes und des Menschen überhaupt besser beachtet werden.

Kopf ohne Füße
sind wie (grund)lose Gedanken ohne gehbare Schritte.

Fuß ohne Kopf
sind viele Schritte ohne Orientierung und Ziel.

Kopf und Füße (mit Bodenhaftung) gemeinsam, zusammengehalten in der eigenen Leibmitte – das bietet neue Möglichkeiten. So kann der Mensch ganzheitlich bleiben. Und nur wenn er dies beachtet, findet er einen zuverlässigen und gangbaren Weg zu einer spirituellen Erfahrung der Einheit allen Seins.

Meditation als Weg zur Mitte

Der Autor verdankt hier wesentliche Impulse einem Buch des Meditations-Lehrers Karlfried Graf Dürckheim. Ich erinnere mich noch sehr gerne daran, wie dieses Buch Prüfungsthema bei meiner mündlichen Prüfung im Abiturfach Religion gewesen ist. Lange ist es her, aber unvergessen.

Deshalb „danke" an meinen damaligen Religionslehrer, einen überaus eifrigen und engagierten Menschen, stets im Einsatz für die religiöse Dimension der Schüler und Schülerinnen und deshalb auch offen für dieses so wichtige Thema der Meditation.

Wenn ich dieses Buch von Graf Dürckheim in der Hand halte, so bin ich auch heute noch sehr angetan von der Begabung dieses Lehrers. Graf Dürckheim hat wie kaum ein anderer die Befindlichkeit des westlichen Menschen (aufgrund seiner Kulturgeschichte) erkannt und ausdrücklich darauf hingewiesen, dass der westliche Mensch die Hinwendung zur Leibmitte braucht.

Weg von der Kopflastigkeit und hin zu einer Mitte, in der das Leben geeint werden kann. Dort können auch die Seinsfühlungen in der Welt spürbarer werden.

VIERTES KAPITEL
ALS EINHEIT UNTERWEGS

Leib, Gefühl und Verstand

Finden Sie sich zurecht in diesem Begriffs-Dschungel: Wenn Sie zu einem Psychologen gehen (gr. psyché = Seele), so spricht er mit Ihnen über Ihre seelische Krise. Er meint damit jedoch nicht Ihre spirituelle Seele, denn das ist nicht sein Gebiet.

Gehen Sie zu einem Pfarrer, der ja auch Seelsorger sein möchte, so spricht dieser gerne über Ihre Seele. Als guter Pfarrer wird er auch Ihre Gefühle ernst nehmen und Ihnen sein Einfühlungsvermögen zeigen. Mit „Seele" meint der Geistliche jedoch vor allem Ihren „inneren Ort", an dem Sie Gott begegnen können.

Nach dem Gespräch mit dem Pfarrer (oder der evangelischen Pfarrerin) hören Sie vielleicht die beiden in der Kirche sprechen: „Im Namen des Vaters, des Sohnes und des Heiligen Geistes." Mit „Geist" ist hier gewiss nicht ein intellektueller Gott gemeint. Und wenn Sie vom Geist Gottes gesegnet werden, so heißt das nicht, dass Sie dann in Ihrem Kopf besonders geistreiche Gedanken haben und schließlich zu geistigen Höhenflügen fähig sind.

Die Begriffe „Geist Gottes" und „Heiliger Geist" deuten vielmehr auf etwas Übergeordnetes hin, was über die Dreiheit Körper-Gefühl-Verstand hinausgeht.

So haucht Gott dem Menschen in der Schöpfungsge-
schichte seinen Geist ein und damit das Leben selbst
(hebräisch ruach = Wind, Atem, Geist). Das ist mehr als
nur Biologie („Die Lehre vom Leben").

Der Begriff des „Heiligen Geistes" ist in der christlichen
Religion sehr bedeutungsvoll. Doch ist er uns zu wichtig,
als dass wir ihn hier in Kürze und angemessen behan-
deln könnten. Doch dürfen wir davon ausgehen, dass
der Geist Gottes auch auf Körper, Gefühl und Verstand
einwirkt, denn sonst wäre er nur etwas Abstraktes und
somit für den Menschen wirkungslos und nutzlos. Die
geistreichen Leser und Leserinnen werden sich schon
zurechtfinden.

Mit dem Begriff „Spiritualität" kommen wir gut durch
das Buch, so wie er im Allgemeinen verstanden wird.
Interessant ist jedoch auch hier wieder seine ursprüng-
liche Bedeutung: lateinisch spirare = hauchen, atmen;
spiritus = Hauch, Atem, Geist.

Wenn Sie auf einem Gebiet ein großes Ziel anstreben, so
sind Sie ein Aspirant und müssen sich anstrengen. Verstärkt sich dabei Ihre Atmung, so geraten Sie bald ins
Schwitzen und transpirieren. Schön wäre es, wenn Sie
sich durch diese Texte zur Spiritualität inspirieren und
begeistern ließen!

Worte verstehen heißt: den Menschen verstehen.

Psyche – Seele – Geist – Heiliger Geist
Geistliches – Spiritualität

Es ist gut zu wissen, welche Begriffe wir im Leben verwenden und was sie bedeuten. Nur so gewinnen wir Klarheit, vermeiden Missverständnisse und das beliebte Aneinander-Vorbeireden.

Nur indem wir die Worte, die wir benutzen, auch klar gebrauchen und verstehen, finden wir auch Klarheit über uns selbst. Das gilt besonders für einen spirituellen Weg, bei dem das Ziel eine klare Erfahrung sein soll.

Alles klar?

Hierzu ein Vergleich:

Es ist wie mit einer Klarsichtfolie. Wenn diese unsauber ist oder sogar Flecken hat, dann können Sie in die Folie jedes Blatt hineingeben, jedes Dokument des Lebens; es ändert sich nichts. Sie sehen immer die Flecken. Es liegt nicht an den Dokumenten, es liegt an der schmutzigen Folie. Haben Sie jedoch klare Sicht, dann ändert sich so manches.

Ziel des mystischen Sehens (mit Augen und Verstand) ist eine klare Sicht, sodass nichts Trennendes zwischen dem Sehenden und dem Gesehenen ist. Und das nennt die Mystik wieder:

„Nicht-Zweiheit"

oder

„EINHEIT IN VERSCHIEDENHEIT".

Das war etwas Kopfarbeit, aber es musste sein. Schließlich wollen wir später einen klaren Kopf bewahren: beim Lesen, beim Sprechen über unsere spirituelle Erfahrung und bei der Suche nach dem versteckten Ziel.

Die Dreiheit von Leib, Gefühl und Verstand verstehen wir ohne besondere Erklärung. (Wir könnten dafür auch sagen: Körper, Psyche und mentale Fähigkeit/Intellekt. Das verstehen wir ebenso. Wobei wir bei der Psyche auch an die Tiefenpsyche denken sollten, und dann wären wir schon beim Unbewussten und damit bei einem weiteren Thema, das uns noch beschäftigen wird; natürlich mit Gefühl, versteht sich.)

Mit der Dreiheit Leib-Gefühl-Verstand kommen wir gut zurecht, sie ist für jeden verständlich. Deshalb haben wir sie gewählt, um dadurch die Ganzheit des Menschen mit all seinen „Ebenen" zu benennen. Dadurch werden wir einen übersichtlichen Zugang zu uns als Mensch haben. Sie im Einzelnen zu besprechen, wird später erfolgen. Zunächst wollen wir noch diese Trias (Dreiheit; lat. tri = drei) in unseren Gesamtkontext einordnen.

Mit Leib, Gefühl und Verstand sind wir auf unserem spirituellen Pfad unterwegs zu einer umfassenden mystischen Erfahrung. Diese ist erst dann gegeben, wenn wir als ganzer Mensch in die Wirklichkeit Gottes eintreten, um mit ihr eine Erfahrung der Nicht-Zweiheit zu erleben. Erst das ist eine volle mystische Erfahrung und das wesentliche Thema dieses Buches.

Im gleichen Sinne betrachten wir die Bezeichnungen „Einheit mit Gott" oder „Erfahrung der letzten Wirklichkeit" oder „nicht-duale Wahrnehmung der Welt".

Ein Christ könnte sagen: Ich erlebe mit meiner persönlichen Seele die Einheit mit meinem persönlichen Gott als „unio mystica" (= mystische Einheit). Oder wie Jesus sagte: „Ich und der Vater sind eins." Jesus ist für den Christen, auch für den christlichen Mystiker, das große Vorbild, der „Erste Christ".

In anderen Religionen gibt es noch andere Bezeichnungen, welche die eine nicht-duale Erfahrung meinen. Auch hinter diesen Bezeichnungen stecken wunderbare spirituelle Erfahrungen, die von vielen bedeutsamen Menschen mit Leib, Gefühl und Verstand gemacht wurden. So war der interreligiöse Dialog dem Autor bereits während seines Studiums ein lehrreiches und wertvolles Thema, und das ist bis heute so geblieben.

In diesem Buch möchte ich mich bewusst auf den westlichen kulturellen und sprachlichen Hintergrund beschränken, um das ganze Thema für den westlichen Menschen einfacher zu gestalten und ihn nicht unnötig zu irritieren.

Auch ist es meine Ansicht, dass sich Menschen auf einem spirituellen Pfad zunächst und primär mit der eigenen Kultur, Geschichte, Tradition und Sprache beschäftigen sollten, um in ihr fest verwurzelt zu sein. So hat jede Kultur und Religion ihre eigene Sprache, die mit dem Menschen eng verbunden ist: mit seinem Denken, Fühlen, Handeln und Verstehen insgesamt.

Erst wenn die Einheit mit dem Vertrauten, Heimatlichen vorhanden ist, kann auch eine Begegnung mit anderen Religionen gelingen und für beide Seiten fruchtbar sein. So habe ich es viele Male erlebt und bin dafür stets dankbar.

Es spricht aber absolut nichts dagegen, dass sich Menschen aus einem anderen Kulturkreis und mit einer anderen religiösen Herkunft in den hier geschilderten Erlebnissen und Erklärungen wiederfinden und damit anfreunden können. Daher verwende ich bewusst eine klare Sprache mit verständlichen Begriffen und Beispielen aus dem alltäglichen Leben. Dies wird auch bei unserer späteren Beschäftigung mit der spirituellen Praxis in dieser Weise beibehalten.

Damit stehen auch einem nicht-religiösen Menschen oder einem eifrigen Atheisten alle Türen offen. Er braucht lediglich die Bereitschaft für dieses spirituelle Thema, Offenheit und vor allem einen gesunden Menschenverstand; aber den brauchen wir ja alle.

Wenn wir auf einem spirituellen Pfad zu unserem eigenen Geheimnis (und damit zu Gott) unterwegs sind, sollten wir auf Folgendes achten:

Wir können edle Formulierungen wie „Einheit mit Gott" oder „letzte Transzendenz" oder „allumfassende Ganzheit" gerne verwenden, doch sie bleiben ein Geheimnis, bis wir wirklich und leibhaftig (!) von der vollständigen und verwandelnden mystischen Erfahrung durchdrungen sind.

Es genügt nicht, nur ein „bisschen nass" zu werden vom göttlichen Wasser; wir müssen vielmehr völlig eintauchen in das göttliche Meer, damit die Wahrnehmung der Nicht-Zweiheit eintreten kann und die verborgene Wirklichkeit offensichtlich wird.

Vorher bleiben die edlen Begriffe noch ein Geheimnis, auch wenn Sie uns auf dem Weg als Orientierung zum Ziel hin sehr hilfreich sind.

Wir dürfen nie der Täuschung unterliegen, dass wir bereits alles verstanden haben, wenn wir nur möglichst oft diese edlen Worte von Einheit und Ganzheit benutzen. Sonst geraten wir unmerklich in eine Haltung des Stagnierens, da wir ja glauben, schon genug zu wissen oder gelesen zu haben.

Bewahren Sie sich Ihre Offenheit und Ihren Willen und Mut zum

Weitergehen bis zum Schluss.

Ein Marathon ist erst geschafft,
wenn der letzte Schritt getan ist.

Das Wort „Einheit" ist noch nicht die Einheit selbst. Was wir uns gedanklich über die mystische Erfahrung der Nicht-Zweiheit zurechtlegen, ist das eine; was wir davon verwirklichen, ist das andere. Doch darauf kommt es an.

Die spirituellen Worte, die wir im Munde führen, weisen auf eine zentrale menschliche Erfahrung hin: die Einheit mit einem zunächst noch unsichtbaren Geheimnis des Lebens. Dieses stellen wir in den Mittelpunkt unserer Betrachtung, damit wir uns bestmöglich danach orientieren können. Am Ende erwartet uns eine Erfahrung in Klarheit und Gewissheit – ohne jeden Zweifel.

Also ist es von Vorteil, wenn wir schon vorher auf dem Weg ein klares Verständnis besitzen über uns selbst und die richtigen Schritte, die uns zur verborgenen Wirklichkeit führen.

Durch die Klarheit der Begriffe Leib, Gefühl und Verstand haben wir einen guten und praxisnahen Zugang zu uns als Person (unklare Begriffe würden uns nicht weiterhelfen).

Wie wir mit dieser übersichtlichen Dreiheit im täglichen Leben umgehen, davon wird es abhängen, ob wir Erfolg haben oder Misserfolg. (Im Fußball würden wir sagen: Die Wahrheit liegt auf dem Platz.)

Und was wir bei unserem Vorhaben grundsätzlich nie vergessen dürfen, das soll folgende Geschichte verdeutlichen.

Eine geschwisterliche Geschichte

Einst waren drei Geschwister und ein jeder war unterwegs zur Pforte des irdischen Himmels. Die Geschwister hießen Körper, Gefühl und Verstand. Ein jeder gelangte bis zur Schwelle der Pforte, wo auf einem großen Schild zu lesen war:

„Herzlich willkommen."

Und so machte es jedes Mal klopf, klopf, klopf, wenn jemand an die Pforte des Glücks herantrat und eintreten wollte.

Der Körper klopfte an und es kam ein alter Mensch heraus. Er sah den Körper und fragte freundlich: „Wo hast du denn deine Schwester und deinen Bruder gelassen?"

Der Körper antwortete ihm:

„Ohne die beiden bin ich viel schneller unterwegs gewesen. Mein Körper ist fit und gut trainiert. Schwester und Bruder waren mir nur hinderlich. Und ich wollte so schnell wie möglich zum Himmel auf Erden gelangen."

„Ja, das mag sein, mein lieber Bruder", entgegnete ihm der alte Mensch freundlich, „aber ihr wart alle drei eingeladen. Der Eintritt ist nur möglich, wenn ihr alle zusammen ankommt."

Und so musste der Körper leider wieder zurück in die Welt, von der er gekommen war. Er hatte auf der Suche nach dem Glück sein Gefühl und seinen Verstand verloren.

Und es klopfte das Gefühl an die Pforte des irdischen Himmels. Der alte Mensch kam wieder heraus und fragte freundlich: „Wo hast du denn deine beiden Brüder gelassen?"

Das Gefühl antwortete ihm:

„Ohne die beiden spürte ich viel mehr Begeisterung. Meine Gefühle waren so überschwänglich. Mein ganzer Elan trieb mich an und ließ mich schnell vorankommen. Und ich wollte doch keine Zeit verlieren. Meine beiden Brüder waren mir nur hinderlich. Ich wollte doch so schnell wie möglich zum Himmel auf Erden gelangen."

„Ja, das mag sein, meine liebe Schwester", entgegnete ihr der alte Mensch freundlich, „aber ihr wart alle drei eingeladen. Und der Eintritt ist nur möglich, wenn ihr alle zusammen ankommt."

Und so musste auch das Gefühl leider wieder zurück in die Welt, von der es gekommen war. Es hatte auf der Suche nach dem Glück seinen Körper und seinen Verstand verloren.

Und es kam der Verstand an die Pforte des irdischen Himmels und klopfte ebenso. Der alte Mensch fragte auch ihn nach seiner Schwester und seinem Bruder, und der Verstand antwortete ihm:

„Ich habe immer die besten Entscheidungen getroffen. Ich kannte jederzeit den Weg, nie habe ich mich verlaufen. Daher bin ich auch so schnell hier angekommen. Meine Schwester und mein Bruder haben meine Entscheidungen nie verstanden und waren mir nur im Wege.

Und ich wollte so schnell wie möglich hier ankommen, um das Glück des Lebens zu finden."

„Ja, das verstehe ich schon, mein lieber Bruder", entgegnete ihm der alte Mensch, wiederum auf freundliche Weise, „aber ihr wart alle drei eingeladen. Der Eintritt ist nur möglich, wenn ihr alle zusammen ankommt."

So musste auch der Verstand wieder zurück in die Welt, von der er gekommen war. Er hatte auf der Suche nach dem Glück seinen Körper und sein Gefühl verloren.

Und jedem der drei Geschwister gab der alte Mensch noch einige Worte mit auf den Weg:

„Nur gemeinsam könnt ihr durch die Pforte des irdischen Himmels eintreten. Denn wenn ihr durch die Pforte getreten seid, dann sollt ihr mit dem himmlischen Glück auf Erden weiterleben, und dazu braucht ihr euren Körper, euer Gefühl und euren Verstand gleichermaßen."

So waren die Worte des alten Menschen; voller Mitgefühl.

Und so schloss er wieder einmal die Pforte mit langsamer Hand und ging mit Körper, Gefühl und Verstand erneut zurück in die Welt. Er wollte doch schauen, wie es seinen Schwestern und Brüdern erging und ihnen, wenn möglich, mit Rat und Tat zur Seite stehen.

★

ZUM GLÜCK geht es hier weiter.

Bei einem authentischen spirituellen Pfad werden Leib, Gefühl und Verstand auf das Ziel hin orientiert. Mit der Trias als Einheit wollen wir zur verborgenen Wahrheit vordringen; das ist die selbstgestellte Aufgabe.

Wenn das einheitliche Sein Gottes nicht gespalten ist, so dürfen auch wir uns nicht aufspalten in verschiedene Bereiche, die nicht miteinander „kommunizieren". Schon gar nicht darf ein Bereich abgespalten werden, indem wir ihn nicht beachten oder vernachlässigen. Das führt zu keinem guten Ergebnis. Wer möchte schon an solch einem selbstgemachten Mangel krank werden?

Was wir für den einen Bereich tun (positiv oder negativ), wirkt sich auch auf die anderen Bereiche aus. Die Kunst liegt darin, dass Leib, Gefühl und Verstand nicht gegeneinander arbeiten, sondern miteinander. Das bedeutet: Rücksichtnahme, Gleichberechtigung und gegenseitige Wertschätzung.

Dass die drei Bereiche „aufeinander hören", ist eine unentbehrliche Notwendigkeit. Und deshalb dürfen wir in diesem Zusammenhang erneut auf die Bedeutsamkeit einer Übung in Stille (Übung des Hörens) aufmerksam machen. In ihr werden alle drei Bereiche des Menschen gleichermaßen angesprochen.

Jeder Mensch ist anders und kann hier sein Geschick über sich selbst zeigen und einüben. Niemand kann behaupten, fertig zu sein. Von der Einheit des Menschen zu reden ist einfach, sie im Alltag zu bewahren und einzusetzen ist eine lebenslange Kunst, mit der wir nie an ein Ende gelangen.

Einige Aspekte zum Leib

Nichts tun wir ohne unseren Körper. Er kann uns auf dem Weg eine Hilfe sein oder ein Hindernis. Ein gesunder Leib verbessert nicht nur das Körperbefinden, sondern auch die Seinsfühlungen im Leib. Was wir für das körperliche Wohl tun (mit Überlegung und Verstand), kommt dem ganzen spirituellen Weg zugute. Schwimmen, Sauna, Wandern, Tanzen; alles kann integriert werden und macht sowieso viel Spaß.

Indem der Leib Bestandteil einer angestrebten spirituellen Gesamt-Erfahrung ist, die über den bloßen Körper hinausgeht, erhält dieser eine größere Bedeutung und mehr Wertschätzung. Dadurch gewinnen Sie die Einstellung, Ihren Leib zu schützen, zu pflegen und ihm Gutes zu gönnen.

Er ist an jeder mystischen Gottes-Erfahrung voll beteiligt und kann diese aktiv unterstützen, ja ermöglichen (oder auch verhindern). In einem gesunden Leib können Impulse aus der Stille-Übung schneller Wirkung zeigen und der Leib besser umgewandelt werden in die Erfahrung der Nicht-Zweiheit mit der Welt.

Aber auch wenn ein Leib seine Begrenzungen hat, etwa durch Krankheit, Gebrechen oder Behinderung, so zählt das bestmögliche gesunde Unterwegssein. Mehr können wir nicht von uns verlangen.

Unter solchen einschränkenden Umständen wird von unserer Stille-Übung und inneren Wachsamkeit mehr abverlangt und wir sollten mehr darin investieren.

Wie heißt es so schön: Nichts ist unmöglich. Transzendenz steht jedem Menschen zur Verfügung, der bereit dazu ist und guten Willens. Das Ziel ist für alle gleich, denn es verlangt von jedem von uns den Einsatz des ganzen Leibes.

Leibhaftig anstatt leiblos.
Leibfreundlich anstatt leibfeindlich.
Den Leib achtend anstatt den Leib verachtend.
Mit dem Leib anstatt gegen den Leib.

Auf welcher Seite bewegen wir uns?
Nehmen wir die Körpersignale wahr?

UNSER LEIB IST BEACHTENSWERT.

Einige Aspekte zu den Gefühlen

Wir wollen mit dem ganzen Spektrum an Empfindungen, Emotionen und Gefühlen zum Ziel gelangen. Deshalb dürfen keine unserer Gefühle auf der Strecke bleiben. Wir brauchen die guten genauso wie die sogenannten „schlechten", die angenehmen genauso wie die unangenehmen. Spalten wir irgendwelche Gefühle ab, so bleiben sie unverarbeitet und hindern uns (unbewusst) am Leben und an einer weiteren Entwicklung zu einer spirituellen Persönlichkeit. Also heißen die Zauberworte: (Gefühle und Emotionen) wahrnehmen und annehmen!

Welche Gefühle in uns aktiv sind, sagt uns oftmals der eigene Leib. Das können sein: Angst, Trauer, Schmerz, Zorn, Ärger oder Mutlosigkeit, aber auch Fröhlichkeit,

Glück, Vitalität, Euphorie, Lust oder Seligkeit. Unser Leib lässt es uns deutlich spüren.

Leben wir daher bewusst mit unserem Leib und bejahen seine unterschiedlichen Zustände und Befindlichkeiten, so bejahen wir auch unsere vielfältigen Gefühle und können sie besser handhaben und pflegen.

Manchmal gehört auch eine Portion Mut dazu, es anders zu machen als die Gesellschaft. Doch nur wenn wir Verantwortung übernehmen für die gesamte Palette unserer Gefühle, so wie sie real da sind, können wir unsere persönliche Vollständigkeit und Integrität bewahren.

Heute sind die Gefühle so und morgen so, mal positiv und mal negativ. Und schon sind sie im nächsten Augenblick wieder positiv, weil das Leben und wohlwollende Menschen es gut mit uns meinen. Wir schwanken von der Freude zum Ärger und wieder zurück. Das ganze Leben ist ein Wechselbad der Gefühle. Nur wenn wir dies grundsätzlich akzeptieren, können wir diese Gefühle auch für unseren spirituellen Pfad nutzen.

Freude, Schwung, Begeisterung; positiver Elan und ein sonniges Gemüt machen es uns leicht, eine religiöse Praxis zu pflegen. Wir können mühelos Einsatz zeigen, fühlen uns gut bei der Sache und sind leichten Fußes unterwegs.

Sind wir allerdings niedergeschlagen, mutlos, unsicher oder verängstigt, so werden auch die Beine schwer und bewegen sich nur zaghaft auf unserem edlen Weg.

Das Erlebnis einer mystischen Erfahrung von besonderer Güte scheint in weiter Ferne.

Ausharren, abwarten, nichts erzwingen wollen. Die Sonne kommt wieder und mit ihr auch die gerne gefühlten leichten Schritte.

Dann lautet das Motto: Jetzt erst recht! Mit neuem Schwung voran!

Vorheriger vermeintlicher „Stillstand", „Erfolglosigkeit" und Unzufriedenheit werden als Ansporn genutzt für neue beherzte Schritte und frischem Tatendrang. Die vorher noch negativen Gefühle sind verschwunden und haben Platz gemacht für positive neue Motivation und freudigen Einsatz.

Es bedarf einer bewussten Entscheidung, positive wie auch negative Gefühle auf diese Weise einem größeren Ziel zu widmen und jede Gefühlslage auf die ersehnte mystische Einheit mit Gott auszurichten.

Das jedenfalls ist die langjährige Lebenserfahrung des Autors. Es ist die Liebe und Sehnsucht zum göttlichen Geheimnis, die uns weiterträgt und stärker ist als alle widersprüchlichen Emotionen, die uns auf dem Weg begegnen.

Mit Gefühl und ohne Gefühl.
Echte Gefühle und falsche Gefühle.
Gefühlswarm und gefühlskalt.
Reich an Gefühl und arm an Gefühl.

Beide Seiten zeigen sich im Leben.
Sie wahrzunehmen gehört zu einem wahren Menschen.

Einige Aspekte zum Verstand

Wenn wir körperbewusst mit uns umgehen wollen und unsere Gefühle, die jederzeit spontan auftauchen können, wahrnehmen wollen, dann hat der Verstand dabei ein gutes Wörtchen mitzureden. Er ist der Herr der 1000 Worte und Begriffe. So hat er die hoheitsvolle Aufgabe, die Zustände unseres Leibes und unsere mannigfaltigen Gefühle zu erkennen und zu benennen.

Dadurch merken wir erst, was alles in uns geschieht und können zu einem bewussten Menschen werden, der für seine spirituelle und menschliche Entwicklung Verantwortung übernimmt. Je besser der Verstand seine Aufgabe beherrscht, desto mehr hilft er uns und beschützt unsere Geschlossenheit und Integrität.

Mit seiner Hilfe können wir Bedürfnisse rechtzeitig erkennen (Essen, Trinken, Schlafen), Signale des Körpers durchschauen (damit wir erst gar nicht krank werden), Gefühle verstehen und ernst nehmen; Wichtiges von Unwichtigem unterscheiden, Überflüssiges über Bord werfen und Wertvolles im Gedächtnis bewahren.

Auch sollte er geschult und fähig sein, das essentielle Bedürfnis eines Menschen nach Stille, innerem Frieden und innerer Einkehr zu erkennen und in den Lebensplan mit einzubeziehen.

Hat unser wacher Verstand die Ganzheit des Lebens im (Über)Blick, so ist er in einer besseren Position, wichtige Entscheidungen zu treffen – in der „Absprache" und Einigung mit Leib, Gefühl, Wille, Wunsch, Kreativität und eigener Begabung.

Mit Hand und Fuß oder den Leib vergessend.
Mit Herz und Wärme oder gleichgültig und kalt.
Mit Scherz und Humor oder ernst und streng.
Mit Auge und Maß oder blind und unbeherrscht.

Der Verstand hat die Wahl.
Und wir alle entscheiden uns.

Wir Menschen sind vom Typ her sehr unterschiedlich. Der eine kommt mehr über den Verstand, der andere lässt sich im Leben hauptsächlich von seinen Gefühlen leiten; und wieder ein anderer nutzt vor allem seine Körperlichkeit, um der Welt zu begegnen und das Leben zu meistern.

Jeder Typ von Mensch ist in Ordnung, so wie er ist. Es kommt nur darauf an, wie jemand mit seiner Dreiheit im Ganzen umgeht; ob sich Leib, Gefühl und Verstand gegenseitig im Wege stehen oder gar „verschiedene Wege gehen"; oder ob sie sich klug ergänzen und zusammenwirken.

Es ist das Anliegen dieses Buches, den aufmerksamen Leser und die Leserin auf die vielfältigen Möglichkeiten und Fähigkeiten der eigenen Persönlichkeit hinzuweisen. Sie können alle genutzt werden, um dem menschlichen Geheimnis und gleichzeitig der göttlichen Wirklichkeit näherzukommen.

Dazu wäre es natürlich sinnvoll zu wissen, wie die drei Bereiche bei Ihnen selbst vertreten sind und wie sie tatsächlich – also nicht nur gedacht oder erhofft, sondern wirklich, wirklich – bei Ihnen zusammenwirken und sich wechselseitig beeinflussen.

Ist alles einträchtig oder streben die Teile auseinander? Hat jeder Bereich seine eigenen Pläne oder treten sie homogen auf? Kein Bereich sollte übertrieben werden, kein Anteil in unserer Fürsorge vernachlässigt werden. Das führt – zumal auf Dauer – nur zu Missverhältnissen und Dysbalancen, Schwierigkeiten im Umgang mit uns selbst und unseren Mitmenschen.

Sind wir als Mensch mit uns einig und mit Leib, Gefühl und Verstand völlig präsent, so verbessern wir unsere Orientierung und die Möglichkeiten, Seinsfühlungen der spirituellen Art zu erleben – bis hin zur Erfahrung der Nicht-Zweiheit mit der Welt.

In der alltäglichen Welt haben wir es leider nicht gleich mit der befreienden mystischen Einheit des Seins zu tun, sondern zunächst mit Zweiheit und Vielheit. Diese Gegebenheit müssen wir berücksichtigen und uns den Sinn tiefgreifend erschließen.

FÜNFTES KAPITEL
DIE ZWEIHEIT DES LEBENS

Erde und Himmel verbinden

Von unserer Mutter wurden wir geboren und sind dann auf allen Vieren als kleiner Erdling auf der Mutter Erde hin und her gekrabbelt. So lange, bis wir uns zum ersten Mal aufgerichtet haben, um auf den eigenen Beinen zu stehen. Wir sind dann hingefallen und wieder aufgestanden, wieder hingefallen und wieder aufgestanden .... So lange, bis wir zum ersten Mal einen festen Stand halten konnten. (Stehender Applaus für diese evolutionäre Leistung!)

Damit war durch die aufrechte Körperhaltung die Verbindung zwischen Erde und Himmel hergestellt, eine der wichtigsten Dualitäten im Leben des Menschen.

Jeden Abend gehen wir zu Bett und tauchen ab in die unbewussten Tiefen des Schlafes. Am Morgen wachen wir aus der Unbewusstheit der Nacht wieder auf, kämpfen gegen die Schwerkraft an und stellen erneut die gewollte bewusste Verbindung von unten nach oben her. (Der Mensch ist ein Stehaufmännchen!)

Das ist unser Los als Menschen: Wir sollen uns möglichst lange auf den eigenen Beinen halten, um zwischen Erde und Himmel (be)stehen zu können. Die horizontale Ebene nehmen wir ein, wenn wir schlafen und uns regenerieren.

Aber auch bei Krankheit oder bei Bettlägerigkeit (das ist nicht, was wir uns wünschen) oder wenn wir den großen Schlaf schlafen (was auch immer der Tod in der Weisheit der Natur bedeuten mag), begeben wir uns demütig in die horizontale Ebene der Erde.

Solange wir noch die Fülle des Lebens in uns haben, stellen wir morgens den aufrechten Gang her, so wie wir es vor Urzeiten gelernt haben und orientieren uns an der aufgehenden Sonne am Himmel. Wer Glück hat, bekommt auch noch den Weckruf des Hahnes zu hören.

Neuer Tag – neues Glück – hoffentlich.

Die Pflanzen machen es ebenso, wenn sie aus der Nacht erwachen und die Sonne wieder hervorkommt. Besonders schön zu bewundern an den Sonnenblumen, wie sie ihre Köpfe zur Sonne hinwenden, um ihre Strahlen aufzunehmen und dadurch aus der Sonnenenergie ihre pflanzliche Energie zu gewinnen:

neue himmlische Lebenskraft.

Ohne die Sonne am Himmel hätten wir Menschen keinen Osten, keinen Orient (wo sich die Sonne erhebt; lat. sol oriens = Osten, Orient), keine Orientierung am Tage und keinen Rhythmus in unserem Tagesablauf.

So leben wir wie selbstverständlich mit den Zweiheiten des Lebens: Schlafen und Wachen, Erde und Himmel, Dunkelheit und Licht, Kälte und Wärme und vieles mehr.

Von der Natur so vorgegeben scheint es die Aufgabe des Erdenbewohners zu sein, mit dem Licht seines Bewusstseins diese vielfältigen Zweiheiten wahrzunehmen, zu respektieren und sein Dasein möglichst einsichtig danach auszurichten.

Und das bedeutet: Aufrichtig und ehrlich zwischen Erde und Himmel wandeln, um mit Würde in der Welt zu stehen. So wie wir es als kleine Babys so viele Male versucht haben, bis es uns endlich gelungen ist. Fester Stand unter den Füßen, den Körper erhoben, den Kopf gen Himmel gestreckt; bereit, mit der Sonne loszulaufen.

Den Lebensraum zwischen Erde und Himmel ausfüllen ist das eine, doch der Mensch möchte mehr. Er strebt nach Höherem, über die Wolken hinaus, zu den Sternen, zum Kosmos. So als besinne sich der Mensch auf seine kosmische Herkunft aus Sternenstaub.

Dabei streckt er sich doch nur aus nach höheren Wahrheiten, nach der unendlichen Weite der Ewigkeit:

Er hat Fragen, existentielle Fragen.
Und er möchte Antworten, existentielle Antworten.

Doch darf er dabei den Boden unter seinen Füßen nicht verlieren; denn der Planet Erde ist unsere Heimat. Und wenn es etwas zu finden gibt, letzte Antworten auf letzte Fragen, dann nur mitten in dieser Welt.

Das besagt die Mystik: Es existiert eine letzte Antwort innerhalb der realen Welt, nicht in einer Zukunft und auch nicht in einer weiten Ferne, sondern in der Welt der Gegenwart, direkt am Ort des Menschen.

Hier liegen der große Sinn und der einzigartige Reichtum der mystischen Erfahrung für die Welt von heute: Der Mensch nimmt seine eigenen zwiespältigen Zweiheiten und die zweifelhaften Antworten des modernen Verstandes mit sich in die meditative Stille.

Er begibt sich selbst von Kopf bis Fuß in das stille göttliche Geheimnis und lässt sich verwandeln ...... bis zur Erfahrung, dass nicht nur er verwandelt ist, sondern mit ihm die ganze Gegenwart und die Welt.

Die Zweiheit und Vielheit der Welt machen Platz für das zugrundeliegende ungeteilte Sein Gottes. Und dieses ist von schlichter und schlichtender Natur: Es verbindet alles vielfältige Sein in Nicht-Zweiheit.

Damit überwindet der Mensch auch alle zweifelhaften Antworten auf den Sinn des Lebens. Alles auf der Welt ist grundsätzlich friedvoll geeint in der verborgenen Gegenwart Gottes. Ein Friede, den die Welt so nicht geben kann!

(Hier geht es wohlgemerkt um den inneren Frieden im Menschen und nicht um den Frieden in der äußeren weiten Welt. Das wäre ein anderes Thema, nämlich das Handeln in der Welt, das natürlich ebenso wichtig ist – auch für die Mystik.)

Der Mensch muss nach der existentiellen Antwort nur am richtigen Ort suchen, nämlich bei sich selbst. Nur hier kann er die verborgene Einheit der Welt entdecken und an ihr bewusst teilnehmen.

Ein Mystiker kann nur einladen, dem eigenen Mensch-sein auf den Grund zu gehen, um dadurch die versteckte aber dennoch sehr reale Einheit der Welt zu entdecken.

Die Welt ist nicht gespalten.

Sie als Mensch sind nicht gespalten.

Sie und die Welt sind nicht-zwei!

Die Münze des Lebens werfen

Nehmen Sie bitte eine Münze zur Hand. Sie hat zwei Sei-ten. Sie können sie drehen und wenden, wie Sie wollen, eine Seite ist immer obenauf: Wappen oder Zahl.

Im Leben – sagt man – hat auch alles seine zwei Seiten: himmelhoch jauchzend und zu Tode betrübt, Gesund-heit heute und Krankheit morgen, Freude und Trauer, Jubel und Sorgen. Wir können nicht wissen, was auf der Münze des Lebens im nächsten Moment oben aufliegt, ob Sieg oder Niederlage, Gewinn oder Verlust, Seligkeit oder Schmerz; zu wandlungsfähig ist unser tägliches Da-sein in der Welt.

Und da diese Zweiheiten immer da sind und wir ihnen nicht ausweichen können, ist während eines gewöhn-lichen Tages prinzipiell auch immer alles möglich. Und dies unser ganzes Leben lang. Wir sprechen manchmal vom Schicksal, vom Unglück oder gar vom unerforsch-lichen Wirken Gottes.

Und wir wollen angesichts dieser Situation eines ausnahmslos dualen Lebens Fragen stellen:

Soll das wirklich alles sein, was uns das Leben anbietet? Gibt es keine andere Möglichkeit als Freud oder Leid, 50 Prozent zu 50 Prozent oder irgendwo dazwischen, was prinzipiell auch nichts ändert am Ausgeliefertsein?

Werden wir nur geboren, um dann im Leben hin- und hergeworfen zu werden zwischen Spaß haben und Frust erleben, zwischen Hoffen und Bangen, Gut und Böse, Freund und Feind?

Mal fällt die Münze des Lebens auf die Sonnenseite und mal auf die Schattenseite. Mal haben wir Glück, mal eben Pech. Und es käme dann nur darauf an, die Münze des Lebens möglichst geschickt zu werfen, sodass öfters die Sonnenseite sich zeigt und wir die Sonne möglichst oft genießen können?

Doch was ist dann mit unserem letzten Münzwurf? Jeder Mensch macht irgendwann seinen letzten Atemzug, das ist gewiss. Dann hält jeder Mensch seine persönliche Münze in der Hand, auf der einen Seite steht der Tod – auf der anderen Seite steht ebenfalls der Tod. Sie können die Münze so hoch werfen, wie Sie wollen. Sie können versuchen, sie weit wegzuwerfen. Irgendwann landet sie doch auf einer Seite, das ist todsicher.

Wer möchte denn so eine Münze werfen – selbst nach einem erfolgreichen und erfüllten Leben?

Welche Chancen haben wir denn dann? Ist es das, was das irdische Leben jedem Einzelnen als Los oder Schicksal beschieden hat?

Da haben wir während des Lebens lediglich die Wahl auf Licht oder Dunkelheit (wobei jeder Mensch auf möglichst viel Licht hofft) und am Ende des Lebens nur die Wahl einer endgültigen Dunkelheit?

(Der gläubige Mensch mag seine Hoffnung auf ein Leben nach dem Tod als die einzige Lösung betrachten, doch ist dies für einen Menschen, der mitten im Leben und während des Lebens eine Antwort sucht, keine echte Lösung. Er will sofort eine Antwort haben, mit der er zufrieden leben kann, und die hat er auch verdient!)

Während wir uns im Leben 70, 80 oder 90 Jahre lang nur mit den Zweiheiten des Daseins begnügen müssen, bleibt für uns am Ende nicht einmal mehr die Dualität übrig, die 50-Prozent-Chance. Das Leben macht sogar Schluss mit der Zweiheit und damit Schluss mit allem. Aus die Maus.

Wenn das alles wäre, was uns das Leben und damit auch die ganze Evolution mit allen Lebewesen bereitstellt, dann wäre das Leben ziemlich erbarmungslos zu sich selbst, geradezu auf Selbstzerstörung angelegt, krankhaft veranlagt (medizinisch betrachtet: von Geburt an pathologisch).

Nein, spätestens jetzt ist lautstark zu sagen: Nein, so ist das Leben nicht! Wenn schon die Logik des Verstandes, der diese Absurdität durchaus erkennen kann, ausreichen müsste, um an eine Alternative zu glauben, so ist der Mystiker aufgrund seiner Erfahrung der letzten Wirklichkeit in einer viel glücklicheren Position.

Er weiß nicht nur, dass es den letzten Münzwurf Tod oder Tod als Endgültigkeit so nicht gibt, sondern dass auch das Leben selbst jederzeit einen Ausweg aus der Zweiheit bietet, nämlich durch das Eintreten in den nicht-dualen Zustand im ewigen Jetzt. Und dies ist gleichbedeutend mit der Gewissheit des eigenen ewigen Seins.

Und damit lässt es sich während des Lebens schon viel besser ertragen, auf welche Seite die Münze der Zweiheit fällt, ob auf die helle oder dunkle Seite.
(Natürlich ist dem Mystiker ein angenehmes Leben in Nicht-Zweiheit lieber als ein unangenehmes Leben in Nicht-Zweiheit, doch das hat auch ein Mystiker nicht immer in seiner Hand.)

Es ist so, dass der Mystiker einen inneren Zustand gefunden hat, bei dem es nicht ausschließlich darauf ankommt, ob die Münze des Lebens auf Wappen oder Zahl fällt, auf Sieg oder Niederlage, sondern das Sein in Gott bietet ein bleibendes Grundgefühl des ewigen Daseins und damit ein göttliches großes JA zum Leben allgemein.

Der Autor sieht in diesem Zusammenhang auch ein gottgewolltes JA der Natur zu allem Leben, da wir selbst von der Natur geboren sind (lat. natus = geboren) und selbst ganz Natur sind.

Was uns die Münze noch zeigen kann

Gewiss, wir wissen es schon, alles im Leben hat seine zwei Seiten. Und über diese zwei Seiten können wir Menschen bei allen Dingen des Lebens ausführlich diskutieren, streiten, politisieren und uns die Köpfe heiß reden. Dies mag auch für das gesellschaftliche Leben seine ausdrückliche Relevanz haben. Wenn es etwa um politische Entscheidungs-Prozesse geht, muss in einer echten Demokratie bei wichtigen Fragen lange debattiert werden über Sinn und Unsinn, Machbarkeit oder Nicht-Machbarkeit, ja oder nein.

Aber all dies – so wichtig es für ein weltliches Leben auch sein mag – gehört zur Ebene der Dualität, zur zwei-seitigen Münze und bringt uns keinen Schritt näher zur nicht-dualen Lösung des Daseins.

Auf diese grundsätzliche Situation des Menschen hin-zuweisen, ist das Bestreben des Autors. Die mystische Tradition bietet einen oft bestätigten Ausweg aus der dualen Sackgasse des Lebens.

Darauf wollen wir unser Augenmerk legen und erkennen, was nötig wäre, um eine solche Erfahrung der ewigen Nicht-Zweiheit zu verwirklichen:
sich orientieren, das Ziel in den Blick des Lebens nehmen, die Praxis und Methoden kennenlernen und dann ganz einfach losgehen.

Nur wer losgeht, kann auch ankommen.

Oder möchten Sie lieber 90 Jahre lang die Münze wer-fen?

Wenn Sie das Beispiel mit der Münze von allen Seiten betrachtet haben und voll und ganz durchschaut haben – und daran zweifelt der Autor nicht –, dann haben Sie bereits alles verstanden, was es zu verstehen gibt. Es fehlt Ihnen eigentlich nur noch die praktische Umsetzung, das Beschreiten des Weges hin zur spirituellen Erfahrung der überall gegenwärtigen Nicht-Zweiheit.

Zur Vertiefung und weil wir am Ergebnis sowieso nichts ändern werden, wollen wir unsere Einsicht über die einseitige Zweiheit jedoch in diesem Buch noch weiter ausbauen.

Dualität ist verstehbar. Je besser wir sie begreifen und immer wieder betrachten und einüben, desto eher haben wir genug davon und wollen mehr vom mystischen Leben.

Dann ist die Zeit gekommen, uns von ihr zu verabschieden, denn irgendwann sollte Schluss sein mit der aussichtslosen Wahl von nur zwei Seiten und der bloß 50-Prozent-Gewinnchance.

Es wartet eine spannende Aufgabe auf Sie.

Nicht-Zweiheit ist viel interessanter und lohnender!

Bei der intensiven Beschäftigung mit dem Zwiespalt des zweigeteilten Lebens geht es darum, unserem Verstand für seine jahrelange Hilfe zu danken, ihm aber auch schonend beizubringen, dass er seine Begrenzung in der Dualität hat und wir gerne darüber hinausgehen wollen. Es wäre schön, wenn er das begreift und mitspielt.

Den Verstand „überzeugen"

Es gibt zwei Wege für den Menschen/Verstand, an seine Grenzen zu kommen:

1) Er versteht sehr früh, dass er die existentiellen Fragen nicht beantworten kann, weil seine Möglichkeiten natürlicherweise begrenzt sind. Und dieser Verstandes-Mensch hat vielleicht genug Intuition und Sehnsucht, um sein Glück mit Gott zu (ver)suchen.

2) Der Mensch bemüht seinen Verstand immer wieder aufs Neue; jahrelang, doch ohne besonderen Erfolg. Er glaubt allerdings, Antworten zu erhalten, wenn er nur noch intensiver und mit mehr Anstrengung über die Fragen und möglichen Antworten nachdenkt. Er grübelt, vermutet, hofft, erwartet, doch es bleibt letztlich beim Kopfzerbrechen.

Damit meint der Autor: Je heftiger und intensiver jemand seinen Verstand bemüht, desto eher kann er auch irgendwann – aus kluger Verzweiflung sozusagen – begreifen, dass es zwecklos ist. Der Verstand schafft es einfach nicht, letzte Antworten zu geben. Und schon gar nicht mit Klarheit und Gewissheit.

Auch das wäre dann ein bedeutsamer Moment mit der Möglichkeit, zur Besinnung zu kommen und endlich einen anderen Weg einzuschlagen.

Wenn Sie mich fragen:
Ich halte die erste Variante für klüger. Sie spart vor allem viel Zeit. Ich darf Ihnen allerdings verraten, dass auch bei mir selbst die zweite Variante stark vertreten war;

bedingt durch ein reichhaltiges Studium an der Universität, wodurch mein Kopf nur so qualmte. Jedoch hat dann, Gott sei Dank, meine Intuition gesiegt.

Die Übung der Mystik setzt genau an diesem Punkt an. Sie erkennt die Begrenztheit des Verstandes und will über die Zweiheiten und Vielheiten hinausgehen. Dies geht erfahrungsgemäß am sichersten, indem der Verstand mit seinen 1000 Worten und Gedanken zur Ruhe gebracht wird in Stille und Schweigen.

Daher ist der Mystiker jemand, der vor allem mit den Mitteln des Schweigens und mit geschlossenen Augen zur Wahrheit vordringt. (Das Wort „Mystik" kommt von gr. myein = schließen, besonders von Lippen und Augen.)

Wenn alle Worte schweigen,
wo sind dann die Fragen?
Wenn alle Fragen schweigen,
wo bleiben dann die Antworten?
Die Antwort wird erfahren
in einem gedankenfreien JA.

SECHSTES KAPITEL
DIE ALLGEGENWART GOTTES

Wenn Gott überall ist,
warum spüren wir ihn dann nicht?

Besser formuliert:
Warum glauben wir, ihn nicht zu spüren?

Ein unbewusstes Spüren, das vom Verstand nicht wahrgenommen wird, gibt es oft. Es mag zwar manchmal nur ein Zipfel Gottes sein (oder die berühmte Spitze des Eisbergs, um schlicht ein anderes Bild zu bemühen), aber immerhin.

Und da heißt es: Immer hingehen zu diesem leichten Gespür, dieser leichten Ahnung des Seins, damit die Intuition wachsen kann. Seinsfühlungen der versteckten Wirklichkeit Gottes sind in verschiedenster Intensität jedem Menschen möglich!

Noch einmal die Frage:
Wenn Gott überall ist,
warum können wir ihn dann nicht ganz und gar spüren?

Dazu müssten wir ihn eindeutig identifizieren können. Zu diesem eindeutigen Identifizieren ist der Mensch jedoch mit seinem Verstand allein nicht in der Lage, da dieser dual und damit zweideutig ist. Die Wirklichkeit Gottes ist jedoch eindeutig und nicht-dual. Sie ist einmalig und nicht zweimalig oder irgendwie gespalten.

Der Verstand jedoch spaltet auf in Zweiheiten und Vielheiten. Denn er ist für die 1000 Dinge des Lebens zuständig. Das Eine, Ungeteilte, nämlich die Wirklichkeit Gottes, kann er so nicht identifizieren. Es entzieht sich seiner Beobachtung.

Wenn ein Mystiker folglich eindeutig auf die Gegenwart Gottes hinweisen möchte – er kann das, weil Gott überall ist und er ihn somit auch gar nicht verfehlen kann –, so würden Sie diese Wirklichkeit wohl gar nicht sehen, denn dazu benötigen Sie eine Wahrnehmung der Nicht-Zweiheit. Das ist das eindeutige Dilemma.

Und diese Wahrnehmung gibt es nur durch eine ganzheitliche Wandlung des Menschen. Es geht somit nicht allein um eine mangelnde Wahrnehmungsfähigkeit des Verstandes, sondern auch um eine Kultur der eigenen Persönlichkeit. Das gilt es zu beachten!

Deshalb zielen die Praxis und die Stille-Übung auch nicht nur auf das Zur-Ruhe-Kommen des Denkens, sondern auch auf die notwendige ganzheitliche Wandlung des Menschen.

Hier haben die Begegnung mit dem eigenen Schatten und die Integration der eigenen inneren Dunkelheit und des Unbewussten – hier sind auch Schätze verborgen – ihre große unerlässliche Bedeutung!

Die Wirklichkeit Gottes
ist überall gegenwärtig.

Warum ist das so? Weil es nur so sein kann.

Warum ist es nicht anders? Weil es anders nicht sein kann.

Warum kann es nicht anders sein?

Wäre es anders, so würde der Mensch folgende Fragen stellen:

Warum ist das so?

Warum ist es nicht anders?

Warum kann es nicht anders sein?

Diese Fragen zu stellen ohne die mystische Erfahrung der letzten Wirklichkeit ist zwecklos.

Mit der mystischen Erfahrung erübrigen sich weitere Fragen.

Haben Sie noch irgendwelche Fragen?

Für die Praxis eines spirituellen Pfades bedeutet dies (und das ist entscheidend):

Sich der Wirklichkeit Gottes nähern ist überall möglich!

Ist das nicht eine schöne Konsequenz?! Es liegt an uns, was wir aus dem jeweiligen Moment tun, wie viel wir einsetzen, ob wir klug handeln, geschickt unsere Energie nutzen, nicht unnötig Zeit vergeuden, die günstigen Gelegenheiten erkennen und ergreifen, uns von der Wirklichkeit des Jetzt entfernen oder ihr annähern.

Die richtigen Methoden (nämlich die Übungen) sind mit entscheidend neben Einsatz, Wille, positiver Kraft und Ausdauer. Habe ich eine entsprechende Auswahl von Übungen, die mir zur Verfügung stehen und die ich beherrsche?

Nur wenn ich ein gewisses Repertoire an Übungen habe (möglichst einfache), kann ich sie auch im entsprechenden Moment je nach Situation anwenden und damit der verborgenen Wirklichkeit (dem Geheimnis der Nicht-Zweiheit beziehungsweise dem ewigen Jetzt) näherkommen.

Immer ein kleines Stück näher, bis ich irgendwann merke, dass ich das Jetzt nie verlassen habe und nie verlassen kann. Ein Moment der überschwänglichen Freude und ewigen Zuversicht auf das Leben. Gottes Wirklichkeit ist durch und durch lebensbejahend.

Folglich ist die Praxis im Alltag, soweit sie dem Menschen auch möglich ist, so wichtig. Die Übungen führen uns irgendwann zu einer neuen Beziehung zur Gegenwart des Lebens mit der Hinorientierung auf das verborgene eine große Geheimnis, nämlich die bestaunenswerte „Allgegenwart Gottes".

Es gibt besondere Orte, die es dem Suchenden leichter machen, sich in die Wirklichkeit Gottes zu vertiefen, wie zum Beispiel ein Kloster als Ort der Stille und Ruhe. Hier kann sich der Mensch erfahrungsgemäß ungestört und jeden Tag um das Wesentliche kümmern, wird nicht abgelenkt oder zerstreut.

Der Tagesablauf sowie Mitbrüder oder Mitschwestern unterstützen ihn bei seinem Bemühen, in der Gottesbegegnung zu reifen. Gebet und Meditation gehören zum festen Bestandteil des Tages.

Alles ist auf die Suche nach Gott ausgerichtet.

In der Welt ist das anders. Hier steht das Suchen und Finden der letzten Wirklichkeit nicht im Vordergrund; im Gegenteil, es rückt ganz in den Hintergrund. Und so bleibt auch die Gegenwart Gottes für die meisten Menschen im Hintergrund.

Das ändert jedoch nichts daran, dass die Wirklichkeit Gottes als solche ständig überall präsent ist und auch ganz erfahrbar ist. Es kommt nicht auf Gott an, der überall zu 100 Prozent da ist als Seins-Wirklichkeit, sondern auf den Menschen; ob er in der Lage ist, diese Wirklichkeit inmitten einer lebhaften und hektischen Welt zu erahnen, zu spüren oder ganz zu erleben als mystische Erfahrung der Nicht-Getrenntheit.

In gewisser Weise ist hier Gott auf das Streben des Menschen „angewiesen", anthropomorph gesprochen (also auf menschliche Art). So sollte der Mensch weniger nach der Existenz Gottes fragen und an ihr zweifeln, sondern vielmehr nach sich selbst fragen und ob er bereit und gewillt ist, das Nötige und Richtige zu tun, um der Allgegenwart Gottes näherzukommen.

Das kann nur jeder selbst entscheiden, persönlich und frei.

Vier Punkte als Übersicht, die beim Nachsinnen über die Allgegenwart Gottes als Orientierung dienen können:

1) Die nicht-duale mystische Erfahrung zeigt eindeutig die Allgegenwart Gottes. Leider ist diese Erfahrung nicht auf einen anderen Menschen übertragbar, nicht teilbar, nicht einmal verbal mit-teilbar. Jeder muss die Allgegenwart Gottes als ungeteilte Person selbst entdecken und ihr gewahrwerden.

2) Der Mystiker erkennt nicht nur durch seine persönliche Erfahrung die Allgegenwart Gottes, sondern nur diese Allgegenwart kann ihm viele Fragen des Lebens erklären, die vorher noch im Zweifel lagen.
(Warum gibt es verschiedene Religionen? Was hat es mit der Gegenwart Gottes in der Geschichte zu tun? Warum sind Todes-Erlebnisse oft Gottes-Erlebnisse? Was hält die ganze Welt zusammen? Welches Geheimnis verbirgt sich „hinter" den Atomen und der Materie? Und so weiter.)

3) Die Vertreter der „Philosophia perennis", mit der nicht-dualen Erfahrung vertraut, bestätigen übereinstimmend, dass es ein einzigartiges ewiges Jetzt gibt. Dieses Jetzt, das selbstverständlich überall vorhanden ist, gewährleistet auch die ewige Allgegenwart Gottes. Das ist bei einigem Nachdenken eine logische Konsequenz (auch ohne mystische Erfahrung).

4) Die Annahme, Gottes Wirklichkeit sei nicht überall, widerspricht jeglicher vernünftigen Logik.

Dieser letzte Punkt stellt eine Art „Gegenprobe" dar, obwohl sich ein Mystiker mit nicht-dualer Erfahrung normalerweise nicht mit solch einer absurden Vorstellung beschäftigt, wozu auch.

Ist Gott nicht allgegenwärtig, dann wäre er geteilt. Mal hier, mal dort. Hier ein bisschen mehr gegenwärtig, dort ein bisschen weniger. Wonach bemisst er das? Welche Kriterien hat er dabei? Mal viel Gott, mal wenig Gott. Wie macht er das? Kommt er da nicht durcheinander? Gott ein bisschen hier, Gott ein bisschen dort; ganz nach Lust und Laune wie der Mensch?

Und wonach sollen sich Tiere orientieren, wenn Gott nicht überall ist? Er hat doch ein Herz für Tiere und ist für sie da als vollständige Wirklichkeit, oder? Ist er für die Tiere vollständig präsent, weil diese kein Gut und Böse unterscheiden können und beim Menschen ändert er seine Präsenz entsprechend ihrem Gut- und Böse-Sein? Wie macht er das bloß?

Wenn Gott nicht überall ist, welche Orientierung sollte dann der Mensch haben? Und wenn die Allgegenwart Gottes nicht zutrifft, was für ein Buch sollte dann ein Mystiker über ihn schreiben?

Mal ehrlich, lieber Leser/liebe Leserin: Was könnten Sie denn mit solch einem kleinlichen Gott noch anfangen?

Das alles wäre doch sehr inkonsequent und widerspricht – abgesehen davon, dass es nichts mit der Wirklichkeit zu tun hat – jeglicher vernünftigen Definition Gottes. Wie Sie sehen, geraten wir hier in Teufels Küche. Nein, da wollen wir nicht hin. Wir haben Besseres im Blick.

Wir meinen (und fühlen uns dabei wieder wohl in unserer Haut): Gott hat seine eigene Seins-Wahrheit, die stets gleich bleibt und sich im Wandel der Zeiten für den veränderlichen Menschen verschieden anfühlt; jedoch bleibt sich Gott in seiner Allgegenwart stets treu und ist damit dem Menschen ein ewiges Angebot zur Gottesbegegnung und glücklichen Seinsfühlung.

Gott ist somit für den Menschen permanent und zu 100 Prozent stets verfügbar und erreichbar. (Deshalb sprechen wir auch gerne von der „Ewigen Lebens-Philosophie".)

Gott ist immer und überall.

Nicht mehr (das gibt es nicht)

und nicht weniger (das gibt es auch nicht).

ES IST, WIE ES IST.

Wird die unsichtbare Wirklichkeit Gottes auf die mystische Weise entdeckt, dann ist sie plötzlich überall sichtbar. Und sie war schon immer da.

Unglaublich, aber wahr.

Und wie kann das sein? Wie kann es nicht so sein!

★

Wir wollen an dieser Stelle ein kleines Gedankenspiel machen. Es soll ein Versuch sein, die Allgegenwart Gottes zu erahnen, und zwar durch einen Vergleich aus dem Bereich der Mathematik:

Fangen Sie bitte an, ganze Zahlen zu zählen, also:

1, 2, 3, 4, 5, 6, 7 .... solange Sie wollen.

(Der Autor hat Zeit.)

Nun halten Sie bitte inne.

(Sie sind ja gar nicht zu bremsen.)

Stellen Sie sich nun bitte folgende ernsthafte Frage: Inwiefern könnte bei diesem Zählen die Allgegenwart Gottes erkennbar sein?

Denken Sie bitte nach. Verweilen Sie. Sie haben eine echte Chance.

(Sie sind doch ein Genie, oder etwa nicht?)

.... Nicht gleich aufgeben ....

NUN, GUT. Wir kommen zur Auflösung:

Welche Antwort ist Ihnen eingefallen?
Meinen Sie vielleicht die Unendlichkeit?

Dann muss ich Sie enttäuschen. Gott finden Sie nicht in der Zukunft. Das würde nämlich bedeuten, dass Sie für den Rest Ihres Lebens (und vielleicht noch etwas länger) weiterzählen müssten und weiterzählen und weiterzählen und weiterzählen ....

Sie sehen, Unendlichkeit ist keine sehr praktische Angelegenheit, wenn sie auf die Zukunft bezogen wird. (Wir betrachten dies als Projektion des Verstandes in die Zukunft hinein, bei der die einzige Realität der Gegenwart vom Verstand verlassen wird.)

Und die richtige Antwort? Ich schreibe die Zahlen noch

einmal für Sie hin: $\dfrac{1}{1}$, $\dfrac{2}{1}$, $\dfrac{3}{1}$, $\dfrac{4}{1}$ ....

(Wehe, Sie sind Mathematiker und haben es nicht entdeckt.)

Die Eins im Nenner ändert sich nicht, egal wie weit Sie mit dem Zählen kommen. Ohne die Eins im Nenner wären die ganzen Zahlen nicht existent. (Der Nenner wäre eine Null.)

Der gemeinsame Nenner ist stets derselbe und war die ganze Zeit in jeder ganzen Zahl und während Ihres Zählens gegenwärtig, sozusagen unsichtbar verborgen.

Vielleicht haben Sie es ja gelöst, das Rätsel.

DANN GRATULIERE ICH IHNEN.

(Der Mathematiker .... Nein, der soll sich erst einmal erholen.)

Dieses kleine Beispiel soll Ihnen zeigen, dass die eine Wirklichkeit Gottes zu jeder Zeit einfach da ist, allerdings wie unsichtbar, verborgen. Genau das ist die Aussage der Mystikerinnen und Mystiker, die zur „Philosophia perennis" gehören, zur „Ewigen Philosophie".

Und mal ehrlich: „Ewige Liebe zur Weisheit", klingt das nicht angemessen für solch eine Entdeckung von so vielen Menschen durch die Jahrhunderte hindurch?!

Das Geheimnis ist zunächst verborgen, deshalb heißt es ja auch „Geheimnis"; doch wenn die Augen erst einmal „geöffnet" sind durch die mystische Erfahrung, dann ist die Gegenwart Gottes stets offensichtlich. Bei jedem Schritt, den wir im Leben tun.

Ein offenes Geheimnis.

Im realen Leben ist das Finden der Lösung leider kein so einfaches Gedankenspiel und schon gar nicht allein mit dem Verstand zu lösen. Aber die Quintessenz, dass die Lösung stets immer da ist und auf uns wartet, ist in der Tat dieselbe.

Staunen und Verwunderung gehören hier hinzu.

Und bitte missverstehen Sie solche einfachen Vergleiche nicht als Beweis für eine Existenz Gottes. Mitnichten. Beweisen können Sie diese nur sich selbst; durch Hingabe an den Weg und vielleicht auch etwas Glück, genannt Gnade.

Denn dieser Weg ist kein mathematisch berechenbarer Weg; es heißt eher üben, üben, üben und hoffen und glauben und hoffen und glauben.

Wie auch immer; viele Menschen sind diesen Weg bereits gegangen. Ihre Erfahrungen und Schriften machen Mut und ermuntern uns loszugehen. Schritt für Schritt.

Bitte mitzählen: 1, 2, 3, 4 ....

Auf unserem Weg haben wir einen zuverlässigen Verbündeten, nämlich die Zeit. Aber denken Sie jetzt bitte nicht an Stunden, Tage, Monate oder Jahre. Wir wollen doch nicht in einer vagen Zukunft ans mystische Ziel kommen. Nein, der Autor spricht vom konkreten Jetzt. Es ist immer da und steht uns deshalb auch immer zur Verfügung.

Denn wenn wir die Allgegenwart Gottes verstanden haben, so dürfte doch auch klar sein, dass wir dem göttlichen Geheimnis in der realen Gegenwart immer begegnen können. Was das bedeutet – gerade auch für unsere Orientierung im Leben –, das sollten wir uns einmal zu Gemüte führen.

SIEBTES KAPITEL
DIE ZEIT STEHT STILL

Schon morgens beim Aufstehen orientiert sich der natürlich lebende Mensch an der Sonne. Sie markiert seit den vorelektrischen Zeiten den Beginn eines Arbeitstages (vor allem auf dem Land mit seinem Vieh) und prägt ihn durch die Mittagspause, in der die Sonne ihren Zenit erreicht, und beendet den Tag allmählich, wenn sie dann wieder im Westen untergeht.

Dabei haben wir das Gefühl (und die Menschen früherer Zeiten noch viel mehr), dass die Sonne von links nach rechts wandert und mit ihr läuft auch die Zeit irgendwie von links nach rechts. Wir mögen diese Assoziation der Zeit mit dem Lauf der Sonne noch heute haben – auch aufgrund der Evolution, die uns geprägt hat –, obwohl wir heute wissen, dass dieser sogenannte Lauf der Sonne eine Täuschung ist und sich nur dadurch ergibt, dass die Erde sich um sich selbst dreht.

Die Menschen früherer Zeiten ohne Wissenschaft wussten das noch nicht. Die Wissenschaft hat diesen Sachverhalt aufgeklärt.

Der Mystiker hat aber noch ein anderes „Problem". Die meisten Menschen haben nämlich das Empfinden, dass die Zeit als solche läuft und läuft und läuft (und mit ihr läuft der Mensch). Dem ist aber nicht so. Der Verlauf der Sonne ist eine Täuschung, und das Laufen der Zeit irgendwie in eine Zukunft hinein ist ebenso eine Täuschung, eine laufende Täuschung.

Mystiker verschiedenster Religionen sind auf ihrem Weg des Wissen-Wollens nicht auf halber Strecke stehen geblieben und haben sich nicht mit Halbwahrheiten zufriedengegeben; sie sind vielmehr ihren Weg bis zum Ende gegangen und haben auf diese Weise die raffinierte Täuschung erkannt.

Die Vertiefung des eigenen Seins im Jetzt führt den Menschen, wenn er beharrlich und geduldig bleibt, zu einer neuen Wahrnehmung der Zeit, nämlich dem „Stillstehen der Zeit".

Und ein Mystiker hat dann das „Vergnügen", dieses erlebte Wissen seinen lieben Mitmenschen zu erklären.

Hatten Sie nicht schon einmal das Gefühl in Ihrem Leben, dass die Zeit stillsteht? Vielleicht in einem ungewöhnlichen Moment Ihres Lebens: in der Natur, Musik, Zweisamkeit, mit Ihren Kindern?

Der Mystiker hat dieses Gefühl in jedem Moment (und zwar zu 100 Prozent), obwohl sich gleichzeitig die Welt weiterdreht. Um dieses Phänomen sollten wir uns Gedanken machen.

Nehmen wir einmal an, Sie möchten mit einem Mystiker telefonieren, um ihn morgen zu einem Latte macchiato einzuladen. (Wo hat der Autor des Buches denn nur seine Telefonnummer; ausgerechnet jetzt findet er sie nicht.)

Während des Gespräches – ich nehme mal an, dass der Mystiker zusagt – verabreden Sie eine Zeit und einen Ort in der Stadt.

Während des ganzen Telefonats haben Sie das Gefühl, dass es so etwas wie die Zukunft gibt und dass Sie der Fluss der Zeit automatisch in die Zukunft bringt. So als würden Sie den jetzigen Moment verlassen und morgen sich im Café vorfinden. Sie geben der Zukunft irgendwo da vorne eine gewisse Realität.

Der Mystiker am anderen Ende der Telefonleitung versteht ganz genau, was Sie sagen; und er weiß auch, mit künftigem Termin und Ort genau umzugehen. (Denn er möchte ja auch nicht auf seinen Latte macchiato verzichten.) Jedoch ist sich der Mystiker während des ganzen Gespräches noch einer anderen Zeitwahrnehmung bewusst. Die zukünftige Zeit gibt es nämlich gar nicht in irgendeiner Zukunft da vorne (zu 100 Prozent).

Der Mystiker befindet sich im sogenannten „Stehenden Nun" (lat. „nunc stans") und lässt die Zukunft quasi auf ihn zukommen, sodass sich diese Zukunft, wenn sie dann eintritt, ebenfalls im „Stehenden Nun" stattfindet.

Der Mystiker verlässt nicht dieses ewige Jetzt und weiß genau, dass die Zukunft nicht irgendwo da vorne liegt.

Die mystische Erfahrung der Nicht-Zweiheit bedeutet, gleichzeitig das „Fließende Nun" (die fließende Zeit) wahrzunehmen und auch das „Stehende Nun" (die stehende Zeit). Beides gehört zusammen. Es ist eine Frage der eigenen Wahrnehmung und des eigenen Seins-Zustandes.

Der Autor und auch der Leser/die Leserin sind nicht die Ersten, die sich über das Phänomen „Zeit" Gedanken machen. In der Geschichte der Mystik sind es viele Männer und Frauen aus den verschiedensten Religionen gewesen, die sich dem Jetzt in spiritueller Übung voll und ganz gewidmet haben. Die erlebte Wirklichkeit der Zeit als „fließend" und „stehend" zugleich gehört zum Allgemeingut und Kennzeichen einer jeden authentischen Mystik.

Deshalb sprechen wir von der „Ewigen Philosophie". Das bedeutet auch, dass diese Wahrnehmung der Wirklichkeit – auch wenn sie außergewöhnlich und daher nur schwer zu erlangen ist – für jeden suchenden Menschen möglich ist und damit auch prinzipiell jederzeit wiederholbar ist. Es kommt nur auf den Menschen selbst an und ob er sich auf das Abenteuer mit Gott im geheimnisvollen Jetzt intensiv und mit ganzem Herzen einlassen kann.

Und da diese Erfahrung des ewigen Jetzt wahr ist, wird sie auch noch in 100 Jahren wahr sein, denn das ewige Jetzt bleibt als Wahrheit bestehen. Deswegen heißt es ja auch „immerwährende" Philosophie.

Mit der Betrachtung der Zeit als fließend von der Vergangenheit über die Gegenwart bis hin zur Zukunft sind Sie, lieber Leser/liebe Leserin, bestens vertraut. Damit leben Sie seit Jahren und verstehen das Leben dementsprechend als ein laufendes Werden und Vergehen. Darüber brauche ich Ihnen nicht viel zu sagen.
Anspruchsvoll wird es beim „Stehenden Nun".

Daher versucht es der Autor noch mit einem anderen Beispiel:

Nehmen wir einmal an, Sie lesen hier einen Satz, in dem das Wort „später, später, später" dreimal hintereinander vorkommt. In dem einen flüchtigen Moment, wenn Sie das Wort „später" lesen, mag Ihr Verstand und Sie selbst als Mensch meinen, es gibt irgendein „später" in einer Zeit da vorne.

Aber Sie übersehen dabei quasi, dass das Wort „später" fest auf dem Papier geschrieben steht und dass sich das Wort nicht von der Stelle bewegt. Nur Ihr Verstand und Sie selbst denken beim Lesen des Wortes „später" an irgendeine Zukunft, die da vorne noch kommt.

Das „Stehende Nun" bewegt sich nicht, so wie das geschriebene Wort „später" sich nicht von der Stelle bewegt. Ihr Verstand und Sie selbst als Mensch sind jedoch noch nicht beim „Stehenden Nun" angekommen und können es deshalb womöglich noch nicht wahrnehmen. Sie erwarten noch eine Zukunft irgendwann da vorne.

Das Dilemma ist nur auf eine einzige Weise zu lösen:

Entdecken Sie diese Wahrheit im Jetzt. Und entdecken Sie damit auch Ihre eigene Wahrheit im stehenden Jetzt: Und das ist Ihr ewig be-stehendes Sein.

Jetzt ist die Zeit

Das Jetzt ist eigentlich nicht-dual. Es ist einzigartig im wahrsten Sinne des Wortes. Es spaltet sich nicht wirklich auf in Vergangenheit und Zukunft, wobei die Gegenwart lediglich als ein Übergang empfunden wird zwischen Vergangenem und Zukünftigem. Was auch immer Sie erleben, Sie erleben es in einem Jetzt.

Was vorher war, ist nicht mehr da. Das „Vorher" als Zeit existiert nicht mehr (zu 100 Prozent). Wir könnten zu Recht sagen, es schwingt noch im einzig erlebten Jetzt mit. (Als Erinnerung; inklusive der Gefühle, die ebenfalls noch im Jetzt mitschwingen und im Jetzt verbleiben.)

Klingt ungewöhnlich – ist es auch.

Warum sollte die verborgene letzte Wirklichkeit nicht ungewöhnlich sein, wo es doch im weltlichen Leben schon so viel Ungewöhnliches gibt!!

Folglich ist das „Nachher" ebenfalls nicht da, lediglich als Erwartung. Jedoch ist auch diese Erwartung ganz und gar eine Jetzt-Erfahrung, nichts anderes. Die Zukunft als spätere Zeit existiert nicht (zu 100 Prozent).

Und warum ist das so mit der Vergangenheit, der Zukunft und diesem einzigartigen Jetzt? Sie können sehr lange darüber nachdenken und sich dabei den Kopf zerbrechen. Es wird Ihnen nicht gelingen, dieses Rätsel der Zeit zu lösen. Denn: Das Werkzeug Verstand kann es einfach nicht begreifen. Dieses Werkzeug ist dafür nicht geeignet und auch nicht dazu fähig.

Der Verstand kann die übliche Vergangenheit wahrnehmen, die irgendwie hinter uns liegt, und er kann die
übliche Zukunft wahrnehmen, die irgendwie noch vor
uns liegt.

Genau das ist auch seine besondere und wichtige Aufgabe, nämlich die Wahrnehmung der Zeit als ein linearer
Fluss von der Vergangenheit über die Gegenwart bis hin
in die Zukunft. So funktioniert der Verstand.

Ohne dieses Werkzeug und was es an Zeit wahrnehmen
kann, wären wir keine Menschen und könnten nicht als
Menschen leben. Wir brauchen Erinnerung an unsere
Biographie, unser vergangenes Leben; und wir brauchen
auch die Zukunft, mit der unser Verstand umgehen
kann, damit wir Pläne schmieden können, das Leben
organisieren können, uns verabreden können und so
weiter und so weiter.

Diese ganze sinnvolle Wahrnehmung der Zeit durch
unseren Verstand (inklusive Gedächtnis, Erinnerung und
gespeicherte Gefühle) ist eine duale Wahrnehmung
von Vergangenheit und Zukunft. So funktioniert unser
Verstand und erledigt seine Aufgabe – die Evolution hat
sehr lange dafür gebraucht (!) – mit Bravour.

Jedoch kann der Verstand nicht alles. Seine Funktionsweise ist begrenzt auf Vergangenheit und Zukunft, und
das ist Dualität. Das einzigartige Jetzt ergründen kann
der Mensch mit seinem Verstand nicht, doch liegt gerade
darin das Geheimnis Gottes verborgen!

Eine schwierige Aufgabe

Versuchen Sie einmal, mit Ihrem Verstand das Jetzt zu denken. Ich meine dabei nicht, über das Jetzt nachdenken, sondern das Jetzt selbst denken.

Lassen Sie sich dabei Zeit. Moment, ich korrigiere mich. Sie haben keine Zeit dafür. Sie haben nur das Jetzt als Zeitpunkt zur Verfügung, nicht mehr und nicht weniger (wobei ich offen lassen möchte, was das Wort „weniger" hier noch bedeuten könnte).

Sie können während des Jetzt nachdenken, aber das meine ich natürlich auch nicht. Die Aufgabe lautet:

Versuchen Sie, das eine Jetzt mit Ihrem Denken wahrzunehmen. Wenn Sie auch nur zwei Sekunden zu spät sind, dann haben Sie das Jetzt, das ich meine, bereits verpasst und kommen zu spät. (Das „Nach"-Denken ist nicht gemeint!)

Sie merken, es geht hier um eine ganz andere Art der Erkenntnis. Das Viele, das der Verstand weiß – und wäre es das Verstandeswissen der ganzen weiten Welt (das dicke Kopf-Wörterbuch!) – würde nicht genügen; denn das Jetzt ist von einer ganz, ganz anderen Qualität, die das Denken nicht kennt, nicht einmal annähernd.

Das mystische Jetzt ist von nicht-dualer Art. Und unser Verstand funktioniert so nicht, egal wie sehr er sich auch anstrengen mag, egal was er versuchen mag. Das ist einfach das Falsche von ihm verlangt.

DAS JETZT KÖNNEN SIE NICHT DENKEN,
DAS JETZT KÖNNEN SIE NUR SEIN.

Darum geht es. Das Geheimnis des Jetzt verbirgt sich im eigenen Sein, im Jetzt-Sein!!

Deshalb ist Mystik und ihre Übung im einfachen stillen Dasitzen die Vertiefung des eigenen Seins im Jetzt! Und daher ist diese Seins-Übung so unersetzbar: Ganz und gar im Jetzt da sein, als ganzer Mensch und mit allem, was wir sind. Und auch die Welt um uns herum ist in dieser Übung einfach da. Sie gehört zu uns. Sie verschwindet ja nicht plötzlich einfach so.
(Da sie insgeheim zu unserem nicht-dualen Sein gehört, kann sie das auch gar nicht.)

Wir können folglich im Jetzt da sein – so wie wir sind. Und wir brauchen in Bezug auf dieses Dasein auch nicht darüber nachzudenken. Dadurch gelangen wir ja sowieso nicht zum ewigen Jetzt, wie wir gerade festgestellt haben. Wir können ohne Denken einfach da sein. Und in der Tiefen-Meditation ganz ohne Gedanken vertiefen wir uns in das Jetzt, das somit mehr und mehr erfahrbar wird als unser eigenes persönliches ewiges Jetzt. Das ist mystische Erfahrung.

Wir fangen einfach an zu sein, machen weiter mit dem Sein und hören schließlich gar nicht mehr auf zu sein. Denn wir gewahren irgendwann (im Jetzt), dass wir ewig sind, so wie auch das Jetzt ewig ist. Mehr braucht ein Mensch, wenn er im ewigen Jetzt lebt, nicht zu wissen. (Was die Zukunft betrifft, sie wird jederzeit im gleichen Jetzt sein. Der Verstand weiß das aber nicht. Und genau das wollte der Autor Ihnen verdeutlichen.)

Nun haben wir uns grundsätzlich Gedanken gemacht über unseren Verstand, was er kann (nämlich in Zweiheit funktionieren und somit Vergangenheit und Zukunft wahrnehmen) und was er nicht kann (nämlich nicht-dual arbeiten und das einzigartige Jetzt ergründen).

Wir haben die Funktionsweise des Verstandes als linear bezeichnet und dementsprechend ihm den Fluss der Zeit von der Vergangenheit über die fließende Gegenwart bis hin in die Zukunft zugeordnet. Das ewige Jetzt in seiner Nicht-Dualität kann der Verstand nicht denken.

Für die Wahrnehmung des Geheimnisses im Jetzt brauchen wir als Menschen folglich eine andere Art der Wahrnehmung, als es uns der Verstand ermöglichen kann. Dazu braucht es einen spirituellen Weg, der zu dieser besonderen, ungewöhnlichen und andersartigen mystischen Erfahrung führt, die jedem Menschen als Angebot zur Verfügung stehen sollte.

Wenn wir durch Übung, durch Hingabe und Vertrauen in das göttliche Geheimnis dem einzigartigen und mysteriösen Jetzt näherkommen und ganz eintauchen in das Geheimnis, dann erfolgt tatsächlich eine völlig andere Wahrnehmung von Zeit, die dem Verstand und damit dem ganzen Menschen so lange verwehrt war.

Es erfolgt das Gewahrwerden des Jetzt als „Stehendes Jetzt", in dem der Mensch sozusagen fest verwurzelt ist, so wie ein Baum in seinem Erdreich verwurzelt ist. So haben wir schließlich beides an Wahrnehmung:

die fließende Zeit und auch die stehende Zeit;
beides wahrhaftig im Jetzt.

Und siehe da: Der Verstand (!) spielt wunderbar mit und versteht auf einmal. Na also, es geht doch!

Falls Sie irgendwann einmal aus einer grenzenlosen mystischen Erfahrung wieder in das Alltagsbewusstsein zurückkehren und Sie sich im ewigen Jetzt vorfinden, so könnten Ihre ersten Worte mit Ihrem „neuen Verstand" möglicherweise lauten:

„Ach, so ist das. Das hätte ich aber nicht gedacht!"

Silvester, die doppelte Wirklichkeit des Jetzt
Ein persönliches Erleben

Manchmal ist es auch schön, in einer Illusion zu leben. Ich denke da an Silvester. Genau um 24 Uhr knallen die Sektkorken und die Menschen liegen sich bei den Feten in den Armen. Genau dieser eine Moment um null Uhr muss es sein, wenn alle laut jubeln. Das alte Jahr ist vergangen, das neue geht jetzt gerade los. Es ist schon erstaunlich, wie jeder glaubt, dass es genau in dieser einen Sekunde passiert.

Und alle Menschen weltweit wollen dabei sein und mitfeiern und sich die gute Stimmung nicht nehmen lassen. Gut so. Deshalb soll auch jeder auf der Welt diese eine Sekunde mitfeiern, selbstverständlich zu verschiedenen Uhrzeiten, aber was macht das schon. Jeder feiert den Moment, und dieser Moment ist heilig. Und der Moment kommt auch nie wieder – doch, er kommt wieder.

Was hier jedes Jahr aufs Neue in lauten Tönen und grellen Farben in Feuerwerkslaune zelebriert wird, ist das „Fließende Nun", die fließende Zeit. Das alte Jahr ist verflossen, das neue noch ein kleines Rinnsal. Doch fließend gehen die beiden Jahre ineinander über, treffen sich nur in einem einzigen Moment des Jubelns, in großer weltweiter Einheit. Wenn das nicht ein triftiger Grund zum Feiern einer großen Einheit ist!

Und schon ist der einzigartige Moment wieder weg.

Könnte man den nicht einfach anhalten?!

Sie ahnen, was jetzt kommt. Da gibt es doch noch das „Stehende Nun" („nunc stans").

Ich frage mich jedes Jahr, was ich da eigentlich selbst feiern soll. Natürlich kenne ich die eine Hälfte der Antwort, habe ich doch selbst oft genug in genau der gleichen Art und Weise mitgefeiert und eben nur den einen flüchtigen Moment gesehen. Doch ich kenne eben auch die andere Hälfte der Antwort: Es wird das ewige Jetzt bejubelt, just in dieser einen Sekunde um null Uhr, wenn alle Kalender auf Anfang gestellt werden.

Für mich ist es ein und dasselbe Jetzt, das es sonst auch immer gibt; es sieht nur ganz anders aus, aber das ändert nichts. Das eine ewig be-stehende Jetzt zeigt sich nur in völlig anderer Gestalt!

Und wir machen alle mit. Großartig! Es ist eine wunderbare Illusion. Und so real!

Das Wort „Illusion" ist ebenfalls wunderbar. (Es kommt aus dem Lateinischen, von ludere = spielen; il-ludere = mit jemandem sein Spiel treiben, jemanden an der Nase herumführen.)

Genau das ist es: Die Wirklichkeit treibt Schabernack mit uns, spielt mit uns. Und es ist ein schönes Spiel, bei dem der Mensch gesellig mitmacht. Gefeiert wird so an Silvester (für den, der es erkennt) das eine ewige Jetzt, in dem sozusagen die Zeit ewig stillsteht.

Doch wenn die Zeit nur ewig stillstehen würde und sich so gar nichts ändern würde, dann wäre das zugegebenermaßen auf Dauer auch etwas langweilig.

Also wird gleichzeitig (und diesmal von allen, denn das erkennt jeder Mensch) das eine flüchtige Jetzt gefeiert; in diesem einen Moment, groß und ausgedehnt.

Und schon ist es auch wieder vorbei und die Welt hat sich wieder verändert und mit der Welt wir Menschen.

Es ist ein großes Spiel, wenn „Unveränderliches Jetzt" und „Veränderliches Jetzt" zusammen betrachtet werden. Wir können es so sehen und so sehen. Wie eine doppelte Wirklichkeit. Ich kann mehr die eine Wirklichkeit betrachten oder mehr die andere Wirklichkeit, so wie ich es im Moment möchte.

Beides gehört zur Gesamtwahrheit des Augenblicks. Die doppelte Wirklichkeit vom „Unveränderlichen Jetzt" und „Veränderlichen Jetzt" ist eine einzige Wirklichkeit. Das Eine ist nicht ohne das Andere. Und deshalb verwenden wir auch hier die Bezeichnung „Nicht-Zweiheit".

Da die meisten Menschen mit dieser „Denkweise" nicht vertraut sind, rechnen sie auch nicht mit solch einer überraschenden Erkenntnis oder sie halten sie einfach nicht für möglich. Für den Verstand ist es auch unmöglich, doch für die Mystik ist es eine klar erlebte Wahrheit.

Zu dieser klaren Wahrnehmung der Nicht-Zweiheit gelangen wir nur durch die Übung auf einem spirituellen Pfad; vor allem durch die Stille-Übung, bei der unser Verstand zur Ruhe kommt.

Nur wenn der Verstand seine Begrenztheit erkennt und bereit ist, in der Stille zur Ruhe zu kommen, kann diese andere Wahrnehmung des „Ewigen Jetzt" zum Vorschein kommen. Der Verstand selbst vermag es nicht wahrzunehmen. Es ist eher ein „Nicht-Verstand", der das „Unveränderliche Nun" erkennt. Eine bewusste Wahrnehmung „jenseits des Verstandes". Seine duale Begrenztheit ist somit nicht das Ende der menschlichen Wahrnehmung.

Wenn Sie das nächste Mal wieder Silvester feiern, dann haben Sie jedenfalls die Wahl: Sie können das „Ewige Nun" betrachten oder das „Vergängliche Nun". Oder erst das Eine und dann das Andere – welches Andere?

Ein frohes neues Jahr,
wie immer Sie es auch feiern mögen!

Glückliches Jetzt

Lieber Leser, liebe Leserin,
wann waren Sie in Ihrem Leben so richtig glücklich?

Vergegenwärtigen Sie sich bitte solch einen Moment und fragen Sie sich, ob Sie in diesem Moment an die Vergangenheit oder Zukunft gedacht haben.

Oder war der Augenblick nicht etwa so schön, dass Sie die ganze Welt umarmen konnten in einem phantastischen großartigen Moment grenzenlosen Glücks? Und hätten Sie diesen einen Moment nicht gerne für immer festgehalten, um ihn fortan genießen zu können?

Sie können solch einen Moment getrost als eine Seinsfühlung bezeichnen, bei der die grenzenlose verborgene Wirklichkeit für Sie spürbar war im Hier und Jetzt, ohne Vergangenheit und ohne Zukunft. Dieses Sein Gottes im Jetzt ist immer da.

Und ein mystischer Pfad hat das Bestreben, dieser Seinsfühlung immer näherzukommen, um letztlich mit ihr in Nicht-Zweiheit verbunden zu sein. Dann entsteht ein ungetrübter freudenvoller Zustand im Innern des Menschen.

Vielleicht hilft Ihnen die Erinnerung an ein überschäumendes Jetzt-Erlebnis, um zu erkennen, dass Sie nie vom ewigen Jetzt entfernt sind. Auch wenn für Sie das Geheimnis der verborgenen Wirklichkeit Gottes (noch) nicht sichtbar ist oder Sie nicht einmal daran glauben.

Das spielt keine Rolle. Die zugrundeliegende Wahrheit des Moments ist dennoch da; und wir brauchen keine Vergangenheit und Zukunft, um sie zu spüren. Das können Sie jetzt nachvollziehen. Mystiker werden jedenfalls nie müde, dies zu bezeugen.

Was wir brauchen, ist jedoch ein geeigneter Pfad, der unsere Wahrnehmung verbessert und unser Sein in die ungewöhnliche Wirklichkeit des Jetzt, die Gegenwart Gottes, vertieft.

Das geschieht nicht von heute auf morgen. Es ist ein kontinuierlicher Prozess. Und damit er auch wirklich stattfindet (und nicht nur ein Wunsch bleibt), brauchen wir sinnvolle Übungen im Alltag. Dann heißt es nicht mehr nachsinnen und nachdenken, sondern spirituell handeln und das Richtige umsetzen.

ACHTES KAPITEL
DER ALLTAG ALS ÜBUNG

Es gibt Menschen, die meinen es so ernst mit dem Geheimnis Gottes, dass sie in das Kloster gehen, um sich ganz in der Stille und im permanenten Gebet („Beten ohne Unterlass") in Gottes Wirklichkeit zu vertiefen. Das möchte nicht jeder.

Dann gibt es noch die Möglichkeit, für viele Jahre nach Japan in ein Zen-Kloster zu gehen. Wenn Sie es ernst meinen, dann meditieren Sie dort sechs, acht Jahre (oder länger) mehrere Stunden am Tag und haben vielleicht Glück, dass „Es" plötzlich passiert und Sie im nicht-dualen Jetzt „aufwachen". Auch für solch ein Vorhaben hat nicht jeder Mensch die Zeit, Möglichkeit oder den Willen.

Was ist realistisch, was bleibt?

Einfach anfangen an Ihrem Lebensort und schauen, welche Schritte für Sie möglich sind. Sich orientieren und dann konkret werden. Suchen Sie sich die Übungen heraus, die Sie im Moment am meisten interessieren. Das, was zu Ihrer jetzigen Situation und Befindlichkeit am besten passt. Dann haben Sie Motivation, ein Eigeninteresse und gehen mit positiver Energie an die spirituelle Wirklichkeit heran. Das ist wichtig.

Und ebenso wichtig: Die positive Einstellung regelmäßig fördern und nutzen, um sinnvolle Schritte auf einem Pfad der Spiritualität gehen zu können. So kann sich das Ganze entwickeln.

Der Weg ist wie eine junge mystische Pflanze, die gepflegt werden will, regelmäßig, sodass sie schließlich Blüten und Früchte tragen kann. Die richtige Einstellung zu solch einer Aufgabe ist sehr wichtig und will ebenfalls kultiviert werden.

Es liegt in Ihrer Hand als „Gärtner", was bei Ihnen an mystischer Erfahrung gedeiht. Orientierung ist das persönliche Sein im Jetzt. Denn da wollen wir hin. Immer mehr und immer mehr. Der Mönch im Kloster tut nichts anderes; auch er hat nur das Jetzt zur Verfügung – so wie Sie.

Aus der Situation des westlichen Menschen ergibt sich Folgendes: Ein stundenlanges tägliches Meditieren in Stille ist nicht möglich, ein Leben in Zurückgezogenheit ebenfalls unrealistisch. Also braucht der westliche Mensch vor allem eins, nämlich den Alltag als Übung, Übung, Übung.

Zentrales Anliegen ist hierbei das Wachsen in der eigenen Wachsamkeit. Dabei nehmen wir auch gerne den Atem zu Hilfe, durch den wir stets einen unmittelbaren und wirkungsvollen Zugang zu uns haben. Hier ergeben sich Möglichkeiten.

Und so heißt es: Einfach anfangen und die Dinge sich entwickeln lassen. (Man sagt ja auch: Der Appetit kommt beim Essen.) Doch nur wer einen ersten Schritt macht, gelangt auch zum nächsten Schritt.

★

Wir können den Menschen bei unseren spirituellen Übungen als Einheit von Leib, Gefühl und Verstand betrachten oder unsere Aufmerksamkeit verstärkt auf einen einzigen Bereich lenken, ganz nach Empfinden und Belieben.

Und da wir ja sowieso immer als ganzer Mensch im Alltag unterwegs sind, können wir diese Zeiten und Gelegenheiten auch für einen wertvollen Weg nutzen. Die Zeit und Sie als Mensch sind jedenfalls kostbar.

Mit Leib, Gefühl und Verstand unterwegs

1) Dann und wann, wenn Sie im Alltag körperhaft stehen oder gehen, stellen Sie bitte bewusst die Verbindung von Ihren Füßen zum Kopf her. Den Bodenkontakt wahren; aufrechte und gesunde Haltung, um Erde und Himmel bewusst zu verbinden. Das ist unsere Würde als Mensch!

2) Der Körper besitzt immer eine natürliche Spannung, der Lebenssituation entsprechend. Unnötige Spannungen und Verkrampfungen können Sie nach unten zur Erde hin loslassen, gerne auch mit der Ausatmung verbunden – wie ein Seufzen der Erleichterung.

3) Falls Sie verstärkt Spannung im Leib verspüren (zum Beispiel in den Schultern oder im Oberkörper, im Lungen- und Herzbereich): Mit dem Ausatmen loslassen und den Leib zum Boden hin niederlassen. Dadurch können Verspannungen in die Erde hinein abfließen.

Bitte den Atem nicht aktiv ausatmen oder herauspres-
sen (!), sondern ihn nur loslassen und geschehen lassen.
Er tut dann das Nötige auf natürliche Weise von selbst.

4) Vielen Menschen im Westen wäre mit folgender
einfachen Übung schon geholfen: Bei den zahlreichen
Verspannungen am Tag im Bauchbereich sogleich mit
der Aufmerksamkeit in den Bauch gehen und bewusst
ausatmen. Die Verbindung Aufmerksamkeit und Ausatmen in der Leibmitte ist das Entscheidende. Bitte dabei keinen Einsatz des Willens und der Anstrengung
oder des Erreichen-Wollens. Einfach tun, auf sanfte Weise.

Auch einfache Übungen wollen verstanden werden. Ziel
ist es nicht, nach fünf Minuten festzustellen, dass Sie die
Übungen beherrschen, sondern Ziel ist, dass Ihre Auf-
merksamkeit möglichst sofort die Verkrampfung zur
Kenntnis nimmt, die Ihnen Ihr Körper in einer konkreten
Lebenssituation signalisiert.

(Jede längere Verspannung ist übrigens eine Mangel-
durchblutung und damit auch eine Mangelernährung
von Körperzellen beziehungsweise ein verminderter Ab-
transport von Stoffwechsel-Endprodukten.)

5) Wenn Sie einmal starke Gefühle haben, etwa Wut
oder Ärger, können Sie das Gefühl mit dem Verstand
benennen und ebenfalls ausatmen. Dadurch kann das
Übermäßige abgeleitet werden (wie bei einem Blitzab-
leiter).

Gefühle benennen hilft der schnellen Gewahrwerdung der Situation. Es ist außerdem ein gutes Training für den eigenen Verstand. Er wird dabei angeleitet, sich am konkreten Leben zu orientieren, anstatt sich im allzu theoretischen Wissen „wohlzufühlen".

Die Verbindung der starken Gefühle mit dem Atem bewirkt nicht nur, dass wir in bewusster Weise mit unseren Gefühlen Kontakt aufnehmen, sondern dass wir in der Methode eines spirituellen Atmens insgesamt mehr Erfahrung sammeln und dadurch an Atem-Bewusstheit hinzugewinnen.

Deshalb können wir die Ausatmung auch mit anderen Gefühlen verbinden, die nicht so stark sein müssen wie Zorn oder Hass. Auch dann können wir diese Gefühle benennen, sie ausatmen und dadurch einen bewussten Atem pflegen.

6) Sie sind zu Fuß unterwegs und ungestört. Der Kopf ist übervoll: Spüren Sie beim Gehen deutlich die Füße und wie sie auf dem Untergrund abrollen. Einfach die gehenden Füße und den Boden darunter spüren. Durch die Aufmerksamkeit nach unten wird der Kopf freier. Die Übung entfaltet nach längerer Zeit mehr und mehr ihre Wirkung. Es braucht einige Zeit, bis der allmähliche Fluss der Energie von oben nach unten hergestellt ist und spürbar wird. Dann macht es noch mehr Freude.

7) Zum Treppensteigen: Bei dieser Körperbewegung stehen die Füße sowieso im Vordergrund. Dies nutzen wir, indem wir beim Treppensteigen die Aufmerksamkeit bewusst in unsere Füße lenken und damit auch den tragenden Untergrund besser spüren.

Die Bodenhaftung nimmt zu, die Kopflastigkeit nimmt ab. Einfach und wirkungsvoll.

8) Eine der einfachsten und schönsten Übungen. Im Sitzen, Stehen und Gehen, immer und überall möglich:
Verweilen Sie in der Leibmitte, so oft Sie können und sich die Gelegenheit bietet. Ihre Aufmerksamkeit wird gewahr, wie sich die Bauchdecke hebt und senkt. Sie schauen nur zu. Der Atem fließt dabei so, wie er gerade fließt, entsprechend der Lebenssituation. Dem Ausatmen einfach zuschauen.

Diese Übung unterstützt die zentrale Basis-Übung in der Stille (die Sitz-Meditation).

Je einfacher die Übungen, desto wirkungsvoller sind sie und können sich besser in den Alltag integrieren lassen. Außerdem hat die Einfachheit den Vorteil, das erstrebte Zusammenwirken der verschiedenen Bereiche von Leib, Gefühl und Verstand zu erleichtern.

So gehen die Übungen mit der Zeit allmählich in Fleisch und Blut über und gehören erst dann wirklich zu Ihnen. Die Übungen tragen zunehmend Früchte, wenn wir sie dauerhaft pflegen und wachsen lassen.

Nur wer sät, der kann auch ernten.

Zum Abschluss dieser Übungen möchte ich Ihnen nichts Konkretes beschreiben, sondern Sie lediglich auf einen Bereich hinweisen, der sich für meditatives Handeln vorzüglich eignet. Es ist der eigene Haushalt und Garten. Sie können hier selbst kreativ werden und dadurch Ihren Atem sowie Ihr bewusstes Bei-Sich-Sein pflegen.

Die Übungen wollen allgemein die Wachsamkeit und Achtsamkeit gegenüber dem eigenen Menschsein fördern. Das bedeutet Wertschätzung für Leib, Gefühl und Verstand sowie die Anwesenheit des ganzen Menschen im vielfältigen Hier und Jetzt. Das ist unser Ziel und dafür können wir alle Möglichkeiten nutzen, die sich uns bieten.

Wo wir sind, da ist die letzte Wirklichkeit für uns gegenwärtig, nirgendwo sonst. Wir haben immer nur ein Jetzt zur Verfügung. Hier heißt es anzukommen mit allem, was uns als Mensch ausmacht.

Vielleicht meinen Sie, der Autor gibt Ihnen hier Übungen für Anfänger. Dem ist nicht so. Ich mache diese Übungen selbst. Eigentlich betrachte ich sie eher als Lebenseinstellung: Aufmerksam mit sich umgehen und gut zu sich sein.

Sie haben Übungen kennengelernt, die sich leicht in den Alltag integrieren lassen. Damit fängt ein spiritueller Pfad an. Je mehr Freude Sie an den Übungen haben, desto besser werden sie Ihnen gelingen und sich spürbare Fortschritte zeigen.

Das Kapitel heißt „Der Alltag als Übung". Und hier zeigen wir Weitblick und unsere Berücksichtigung, dass ein mystischer Weg ein Marathon ist. Je länger wir solch einen Weg gehen, desto mehr und mehr wird der ganze Alltag zu einer spirituellen Lebensweise umgeformt.

Wir brauchen uns dies gar nicht vorzunehmen, denn es passiert von selbst, solange wir sinnvolle Übungen der Aufmerksamkeit in unser Leben hineinnehmen.

Dadurch bewahrheitet sich in zunehmender Weise, dass das Ziel eines spirituellen Weges das Leben selbst ist in all seinen Facetten und dass sich unser spirituelles Dasein stets in einer konkreten Lebenssituation vollzieht, die bewältigt werden will.

Aufmerksame Übungen als Lebenshilfe.

Ereignisse des Alltags integrieren

Manchmal sind es die kleinen und mittelgroßen Stolpersteine des Lebens, die uns aus dem Tritt bringen oder vorübergehend zu Boden werfen. Es müssen ja nicht gleich die ganz großen Schicksalsschläge sein, die das Leben lange Zeit schwer belasten. Uns genügen auch die kleinen, normalen „Katastrophen des Alltags", die jeder von uns kennt: Streit mit dem Nachbarn, Misserfolg auf der Arbeitsstelle, eine familiäre Auseinandersetzung.

Oder Probleme mit der Versicherung, der Krankenkasse, dem Stromanbieter. Ein kleiner Wutanfall hier, weil nichts gelingt; ein kleiner Zornesausbruch dort, weil jemand Sie rücksichtslos behandelt hat.

Es kann uns immer mal treffen, weil das moderne Leben so vielfältig ist, wie es nun mal ist. Kein menschlicher Weg ist nur eben und glatt, Steine des Anstoßes und Stolperns liegen eben ab und zu mitten auf unserem Gang durchs Leben.

Im Falle solcher Fälle kann es gut sein, dass wir dann erst einmal keinerlei Muße verspüren nach spiritueller Übung oder Sitzen in Stille; zu übermächtig ist unsere Gefühlslage und wir sind einfach nicht in Stimmung. Meditation muss dann auch nicht das erste Mittel der Wahl sein.

Vielleicht ist es zunächst mal besser, sich an den starken Gefühlen zu orientieren, am seelischen Befinden und den Bedürfnissen des Körpers. Jeder Mensch ist hier anders und die Situationen sind es ebenso. Es kann dann empfehlenswert sein, sich körperlich und emotional abzureagieren (Fahrrad fahren, schwimmen, tanzen) und die innere Spannung auf diese Weise abzubauen.

Sind wir wieder einigermaßen zur Ruhe gekommen, so zeigt sich eine der Stärken der meditativen Stille:

Zurückgebliebenes vom stolpernden Ereignis wird restlos aufgegriffen und verarbeitet. Nichts bleibt mehr zurück außer der Erinnerung. Die Stille wirkt hier gründlich und zuverlässig.

Dadurch können wir wieder innerlich frei werden und unbelastet von dem Stein, der uns schwer im Magen lag. Er ist dann vollkommen verwandelt. An seine Stelle ist Erfahrung gerückt, die wir in höherem Alter vielleicht als Altersweisheit bezeichnen werden.

Auf diese Weise können das tägliche weltliche Leben und eine Übung in Stille Hand in Hand gehen und uns Menschen dienen.

Ist der Stolperstein beseitigt, so ist der Weg wieder frei für ungetrübte Freude, Aufatmen des Leibes und glückliche Gefühle. Und unser spiritueller Mensch ist um ein Stück gewachsen; je nachdem, wie groß der Stolperstein war, der uns aus dem Tritt gebracht hat und den wir durch kluges Handeln und meditative Stille verwandelt haben. Die innere Ruhe ist in Bezug auf dieses konkrete Ereignis wieder eingekehrt und wir können unseren Pfad der Spiritualität getrost weitergehen, obwohl er eigentlich nie unterbrochen war.

Stein auf Stein und Schritt für Schritt.
So wächst unser mystisches Steinmännchen.

Wenn Ihr Steinmännchen noch mehr in die Höhe wachsen möchte, dann braucht es die entsprechende Tiefe. Und die erhalten Sie durch die Beschäftigung mit dem Unbewussten.

NEUNTES KAPITEL
DUNKELHEIT UND UNBEWUSSTES

Am Abend gehen wir gewöhnlich schlafen und tauchen dabei ein in das Dunkel der Unbewusstheit. Dies hat die Natur für uns so vorgesehen. Die Tiere machen es in gleicher Weise. (Natürlich gibt es auch Nachttiere und Nachtmenschen.)

Und wenn wir davon ausgehen, dass die Natur im Laufe ihrer langen Evolution nichts Unnützes eingerichtet hat, dann dürfen wir auch davon ausgehen, dass der Wechsel des Zustandes von unbewusst sein in der Nacht und bewusst sein am Tage genau so sein soll und für den Menschen (und die Tiere) bedeutsam und gesund ist!

Nach dem Schlafen wachen wir jedenfalls üblicherweise erholt wieder auf, wenn uns die Dunkelheit des Schlafes keine unseligen Alpträume beschert hat. Der ganze Mensch ist regeneriert. Wir sind frisch und munter, mit neuem Tatendrang für den Tag.

In der aufrechten Haltung und Hinwendung zur Sonne finden wir unsere gewohnte Orientierung in der Welt. Mit einem täglich frischen Tagesbewusstsein gestalten wir unser Leben. Die typische aufrechte Körperhaltung stellt dabei den Versuch und die Aufgabe des Menschen dar, die Verbindung vom Unbewussten zum Bewusstsein aufrechtzuerhalten.

Erst dadurch sind wir „im Stande", die begrenzte Zweiheit in der Welt zu überwinden durch eine umfassende Bewusstseins-Erfahrung.

★

Wir haben in diesem Buch realisiert, dass alle Dualitäten des Lebens zu uns gehören und dass wir am Ende einen Ausweg kennen aus der fragwürdigen Dualität von Geburt und Tod, Freud und Leid, Jubel und Trauer. Die mystische Erfahrung der „Nicht-Zweiheit mit Gott" wirkt hier befreiend.

Um diesen Zustand jedoch zu erreichen, können wir die Dualität des Lebens nicht einfach überspringen oder umgehen, sondern wir müssen sie annehmen. Erst dann können wir auch über sie „hinausgehen" durch eine große Transzendenz-Erfahrung (lat. trans = hinüber; scandere = steigen).

Das bedeutet, dass wir auch das Unbewusste als einen wesentlichen Teil unseres Menschseins nicht leugnen oder verdrängen dürfen, denn sonst haben wir keinen Zugang zu unserer Vollständigkeit. Und nur als vollständiger Mensch gibt es eine Gottesbegegnung in Nicht-Zweiheit.

(Wir könnten vereinfacht sagen: Gott möchte uns ganz.)

Somit ist die unerlässliche Aufgabe eines spirituellen Weges:
Aufrecht Erde und Himmel verbinden und damit auch Dunkelheit und Licht, um dann in freier Entscheidung sich mit dem Licht des eigenen Bewusstseins in das Dunkel des Unbewussten zu begeben.

Hier liegt der Schlüssel für den spirituellen Erfolg!

Es braucht diese bewusste und freie Entscheidung, das eigene Dunkel der Unbewusstheit zu ergründen, in die eigenen Tiefen hinabzusteigen und alles anzunehmen, was wir dort vorfinden. Denn alles gehört zu uns und ist Bestandteil unserer eigenen Persönlichkeit.

Im Wechsel von Wachen und Schlafen sorgt die Natur für einen täglichen Wechsel zwischen Bewusstheit und Unbewusstheit und will dadurch zwischen diesen beiden Bereichen einen Ausgleich schaffen. Tagsüber leben wir mit der Sonne und setzen unsere Bewusstheit aktiv ein, nachts leben wir mit der Dunkelheit des Schlafes und übergeben uns passiv unserer Unbewusstheit. So bleibt die natürliche Balance gewahrt.

Es würde schon der Hinweis genügen, dass der Wechsel zwischen bewusst und unbewusst für jeden Menschen im Alltag wichtig ist, weil er zur Gesundheit und humanen Integrität beiträgt. Schon allein deshalb ist die Beschäftigung mit der eigenen Unbewusstheit sinnvoll.

Bei der bewussten Entscheidung für einen spirituellen Weg zur Nicht-Zweiheit ist die gewollte Hinwendung zu den eigenen dunklen Untiefen und Abgründen jedoch noch bedeutsamer. Denn um solch einer Absicht gerecht zu werden, braucht es Methoden und Schritte, welche dieser tiefsinnigen Aufgabe gewachsen sind.

Diese Methoden müssen lange gepflegt und eingeübt werden, damit das Abenteuer Spiritualität gelingen kann.

Welche Methoden sind das?

Zunächst ist es der Alltag. Hier brauchen wir einen verantwortungsvollen Umgang mit den eigenen seelischen Tiefen (wie Angst, Wut, Hass oder Aggression) in den menschlichen Begegnungen, aber auch im Kontakt mit Pflanzen, Tieren und der Umwelt.

Dann ist es vor allem das ruhige Sitzen in der Stille, das die (Ver)Einigung mit dem Unbewussten ermöglicht.

Ohne diese Zeiten in der Basis-Übung ist ein Erreichen der nicht-dualen mystischen Erfahrung nach Ansicht des Autors kaum möglich. Die vielen Zeugnisse der Mystiker aller Religionen zeigen deutlich, welch besondere Bedeutung das Verweilen in Ruhe und Stille besitzt.

HIER GESCHIEHT VERWANDLUNG!

Das Sitzen in Ruhe und Stille hat einen entscheidenden Vorteil: Es gibt keine Flucht vor dem Unbewussten, kein Ausweichen vor der Dunkelheit des inneren Erlebens. Diese Konfrontation mit den Tiefen des Unbewussten, egal was da aufsteigen mag in unser Bewusstsein, ist gewollt und wird grundsätzlich erwartet, bejaht, geduldet und begrüßt.

Mit der Übung wächst das Vertrauen, wächst der erfahrene Umgang mit der eigenen Tiefe und das Verständnis, dass diese Methode eine heilsame Methode ist zu einem befreiten ganzheitlichen Menschen.

Freude und Gewinn an Licht, durchlebte Bewährungen und persönliche Erfolge schaffen in uns die Einsicht, dass das Sitzen in Stille ein guter Verbündeter für uns ist; ein Freund in der Dunkelheit. (Manchmal können wir auch im normalen Leben Situationen nur „aussitzen".)

Da die Annahme des eigenen Unbewussten und die dazugehörende Sitz-Übung in Stille eine so wichtige Rolle spielen, empfiehlt es sich, gründlich und grundsätzlich über dieses Thema nachzudenken. Es sollte einem Suchenden klar sein, warum das Thema letztlich so entscheidend ist und warum wir die Begegnung mit der eigenen Dunkelheit bei einem spirituellen Pfad im Sitzen begrüßen sollten.

(Natürlich begrüßen wir auch genauso das Beglückende und Schöne in der Sitz-Meditation, das wir reichlich erfahren werden. Denn wo Schatten ist, da ist auch viel Licht. Doch mit dem Angenehmen und Glückseligen dürften wir kaum Probleme haben.)

Wenn das Verständnis für einen spirituellen Pfad vorhanden ist, dann gehört dazu die bewusste Entscheidung, „Ja" zur ganzen eigenen Person zu sagen.

Und wer wir als Mensch wirklich sind, zeigt sich erst mehr und mehr, während wir unterwegs zu dem großen Geheimnis sind. Vor allem in der Übung der Stille haben wir dabei ein zuverlässiges Mittel für das Erleben des ewigen Jetzt, der Einheit mit Gott.

Und dabei sollte die eigene Unbewusstheit kein Hindernis sein; im Gegenteil, sie ermöglicht erst die Erfahrung der vollständigen Wirklichkeit!

Das Sitzen im Jetzt

Wir wissen es bereits. Das Ziel liegt im Jetzt verborgen. Das Sitzen in der Stille mit der beabsichtigten Begegnung unserer Dunkelheit geschieht im jeweiligen Jetzt. Als Mensch verweilen wir im Sitzen und nehmen an, was da kommen mag, sei es licht oder dunkel, angenehm oder unangenehm, glückbringend oder angstmachend.

Was im Jetzt mit uns im Stille-Sitzen geschieht, gehört zu uns. Hurra, wir leben. Zeichen der Lebendigkeit in uns. Wir suchen nicht in der Vergangenheit und denken auch nicht darüber nach. Wir suchen nicht in der Zukunft und denken auch darüber nicht nach. Alles, was wir brauchen, ist das Jetzt und unser Verweilen in der stillen Sitz-Übung.

Die Methode vertieft sich, die Erfahrung ebenfalls; das dunkle Unangenehme wird angenommen und durch das Sein Gottes in uns erlöst. Gottes verborgene Wirklichkeit im Jetzt gibt uns beim Sitzen die nötige Kraft (oder auch den Mut zur Schwäche!). Mit Glaube und Hoffnung begeben wir uns voller Vertrauen in das Geschehen der Stille.

Was wir dabei erfahren wollen, ist letztlich unsere verborgene menschliche Wahrheit im Jetzt Gottes. Deshalb begnügen wir uns auch mit dem Erleben der Meditation, so wie sie gerade ist. Nichts wird geschönt, nichts wird erwartet, nichts wird gewollt, außer dem, was momentan ist und zu uns gehört. Das genügt uns.

Vom unsichtbaren Geheimnis fühlen wir uns getragen und von der göttlichen Liebe in unserer meditativen Versenkung ganz angenommen.

Das Verweilen in der Stille führt uns durch die (vorübergehende) innere Dunkelheit zur Einheit mit Gott und dadurch zur Harmonie mit uns und der nicht-dualen Welt; und das alles in einem einzigen Moment der Seligkeit: dem unveränderlichen und ewig „Stehenden Jetzt".

In der Stille des Sitzens
erfüllt sich so das eigene Menschsein.

Die Bedeutsamkeit des Sitzens in der eigenen Stille haben wir erkannt. Wir nehmen an, was kommt – auch das Dunkle –, denn es gehört zu uns und unserem jetzigen Erleben. Daher gehen wir in jede Stille-Meditation mit Zuversicht und grundsätzlicher Bejahung. So schaffen wir uns eine gute Voraussetzung für das eigene Menschsein (auch im Hinblick auf unser alltägliches weltliches Leben).

Aus dieser bejahenden Einstellung zum menschlichen Dasein ergibt sich unser Umgang mit den Gefühlen, die während einer Stille-Übung uns überraschen können:

Alle Gefühle sind erlaubt.

Es dürfen alle Gefühle kommen, die ein Mensch haben kann. Es ist nicht Ziel des Prozesses, Gefühle zu verbannen. Ganz im Gegenteil: Nur was erlebt ist und als wahr angenommen wird, kann befreit und somit verwandelt werden. Nur so kann der Mensch reifen und seinen Seelenfrieden wahren.

Und welche Rolle spielt unser Verstand bei der Begegnung mit unserer dunklen Unbewusstheit?

Zunächst soll das Denken bei der Übung in Stille zur Ruhe kommen. Das heißt, der Verstand zieht sich zurück und gönnt sich eine willkommene Pause. Die innere Wachheit bleibt und ist die Gewähr für eine sinnvolle Übung in Stille. Das Unbewusste und all seine Inhalte, ob angenehm oder unangenehm, dürfen auftauchen und werden vom Verstand nicht aktiv zurückgehalten oder verdrängt. Das würde den inneren Prozess vereiteln.

Da wir uns schon grundsätzlich für die „Mitarbeit" (gemeint ist das Nicht-Einschreiten) des Verstandes und die erst dadurch mögliche Integration des Unbewussten entschieden haben, können wir getrost das willkommen heißen, was aus der Tiefe emporkommt und sich zeigt.

Die positive Annahme ist grundlegend. Wir bleiben in der Übung, sind einfach da, atmen, schauen dem Atem zu und verweilen in Wachheit. Alles ist gut. Alles ist gut. Alles.

Nachdem wir die Übung beendet haben und wieder zu unserem üblichen Bewusstsein zurückgekehrt sind, hat der Verstand die Möglichkeit, das neu aufgetauchte Unbewusste (inklusive der Gefühle) zu erkennen, zu benennen, zu verstehen und in die Ordnung unseres Verstandes zu integrieren. So haben wir nicht nur den Zugewinn von neuen Impulsen aus unserer unbewussten Tiefe, sondern auch durch das Licht des Verstandes neue Erkenntnisse und Bereicherung über uns selbst.

Da wir die negativen Gefühle und Impulse grundsätzlich annehmen, ohne sie zu verurteilen, nehmen wir ihnen die unbewusste Macht über unser Dasein und Handeln in der Welt.

Wir beabsichtigen, geduldig mit uns zu sein, ehrlich, wahrhaftig und rücksichtsvoll. Sich an solchen Werten zu orientieren gehört wie selbstverständlich zu einem spirituellen Weg.

Jedoch streben wir dabei keine Vollkommenheit an oder Perfektion oder wollen alles besonders gut machen. Wir bleiben in unserem Sein möglichst normal und menschlich.

Fehler und Schwächen, Mängel im eigenen Charakter und so manche Macke haben auch weiterhin ihre Berechtigung und dürfen ebenfalls sein. Sie sind ein Teil unserer Unvollkommenheit und Begrenztheit und stellen stets eine Verbindung zu unserem Unbewussten dar.

Es geht nicht darum, das Dunkel der Unbewusstheit zu beseitigen oder unsere Schwächen alle loszuwerden, sondern bewusst mit ihnen zu leben, sodass sie uns nicht krank machen oder negativ überraschen, zum Beispiel als unbewusste Handlung im Trubel des Alltags.

Wir dürfen die Akzeptanz unserer Fehler und Schwächen auch verstehen als vollständige Bejahung eines menschlichen Gottes, der (in menschlicher Sprache ausgedrückt) unsere Fehler und Unzulänglichkeiten und Mängel sieht und liebevoll umarmt.

Wenn wir mit Ehrlichkeit und Demut einen spirituellen Weg gehen anstatt mit Selbstlüge und Hochmut, so bleibt der Weg zur tieferliegenden Wirklichkeit offen und ermöglicht es uns, mit dem Geheimnis „Gott" eine innige Einheit einzugehen.

Die Dunkelheit des Unbewussten ist für den Menschen lebenswichtig und von der Natur uns mitgegeben. So wie die Pflanze ihre Wurzeln im Dunklen hat, so braucht der Mensch die Verwurzelung im dunklen Reich seiner Unbewusstheit. Die Pflanze bezieht ihre Nahrung aus dem Dunkel des Erdreiches; der mit Bewusstsein ausgestattete Mensch bezieht Nahrung aus der Dunkelheit des Unbewussten.

Wenn wir während des Schlafens in die dunklen Tiefen des Unbewussten eintauchen, so erhalten wir neue Impulse (sprich „Nahrung") für unser Tagesbewusstsein. (Etwa von unseren Träumen. Auch manche Probleme und Fragen werden über Nacht gelöst.) Bleibt nur zu hoffen, dass diese nächtlichen Impulse aus dem Reich des Unbewussten auch in das tägliche Leben sinnvoll integriert werden.

Im Zusammenwirken mit dem Licht des Verstehens soll das Unbewusste aus der Nacht (wie aus der Stille-Übung) am Tage Blüten und Früchte tragen.

Die Pflanze braucht das Licht der Sonne.
Der Mensch benötigt das Licht seines Bewusstseins.
Die göttliche SONNE bringt alles an den Tag.

Freiwillig zum Unbewussten

Sich dem Unbewussten zu öffnen ist ein freiwilliger Prozess. Einen menschlichen Pfad zu einem umfassenderen Bewusstsein zu beschreiten kann deshalb auch nur ein freiwilliges Vorhaben sein. Was wir an Unbewusstheit integrieren – im täglichen Leben und vor allem in der Stille –, braucht diese gesunde Basis des Bejahens, damit der Mensch immer wieder mit sich selbst einig werden kann. (Und nicht in ständigem Kampf mit sich selbst liegt.)

Wie viel in der Tiefe der eigenen Person darauf wartet, ans Licht geholt zu werden, erfährt der Übende, wenn er sich offenherzig einige Zeit in die Stille begibt.

Die Methode will verstanden sein.
Der Sinn will verstanden sein.

Was wir auf diese Weise ergründen wollen, ist nicht einfach „nur" das Unbewusste. Was wir finden möchten, ist vielmehr das verborgene „Ungewusste", nämlich das große Geheimnis des Lebens, genannt „Gott" oder Transzendenz oder mystische Einheit oder Nicht-Zweiheit oder ...... oder ......

Einfach kann diese Aufgabe nicht sein.
Schnell wird sie deshalb auch nicht „erledigt sein".

Wenn wir dieses Ziel also wirklich im Blick haben (und nicht nur als Traum), so sollten wir eine entsprechende Einstellung gewinnen. Nur so sind wir dauerhaft auf dem Weg, den wir für uns als wertvoll erkannt haben.

ZEHNTES KAPITEL
MARATHON – EIN LANGER WEG

Es war um 490 vor Christus bei dem kleinen Ort Marathon, als die Schlacht zwischen dem herannahenden persischen Heer und den Griechen erwartet wurde. Der griechische Feldherr schickte einen Boten nach Sparta, um dort militärische Hilfe zu erbitten.

Diese Strecke von über 200 Kilometern wurde von einem trainierten Läufer innerhalb von nur zwei Tagen bewältigt und ist durch den Geschichtsschreiber Herodot 50 Jahre später urkundlich bezeugt. Die Schlacht bei Marathon wurde von den Griechen wider Erwarten gegen die Perser gewonnen, ohne spartanische Hilfe.

Und jetzt beginnt die Legende, die erst 500 Jahre später von griechischen Schreibern zur Glorifizierung des Sieges erdacht wurde. Der griechische Feldherr entsandte nach der Schlacht einen Boten nach Athen. Dieser sollte der Bevölkerung nicht nur die frohe Kunde des Sieges mitteilen, sondern auch vor einem möglichen Angriff der übrig gebliebenen persischen Truppen von der Seeseite her warnen. Der Bote legte die etwa 40 Kilometer hinter sich, kam in Athen an, rief laut den entscheidenden Satz: „Wir haben gesiegt!", und brach sogleich tot zusammen.

So müssen Legenden enden.

Der „erste" Marathonläufer wurde dann im Nachhinein noch mit dem Boten nach Sparta gleichgesetzt, um die Legende noch größer erscheinen zu lassen.

Nun, der Tod ist sicherlich nicht das angestrebte Ziel bei einem Marathon. In Griechenland gab es früher tatsächlich diese beeindruckenden Tagesläufer, die riesige Strecken hinter sich brachten. In der heutigen Zeit gibt es den Ultra-Marathon, sogar durch die Wüste. Da kommt jeder Teilnehmer an seine Grenzen; alles wird dabei vom Menschen abverlangt. Und deshalb geht das auch nur auf gesunde Weise durch viel, viel Training.

Bei unserem spirituellen Marathon wollen wir nicht einfach nur das Ziel erreichen, sondern auch noch heil und unversehrt. Aus diesem nachvollziehbaren Grund betrachten wir von Anfang an Leib, Gefühl und Verstand als Einheit und orientieren uns schon unterwegs an Gesundheit und Wohlbefinden.

Und wie lange dauert dieser Marathon?

Dazu folgendes Erlebnis des Autors: Es war in einem Kurs „Einführung in die Meditation" mit einer Schulklasse. Ich erklärte gerade den Sinn der Meditation und dass sich der Mensch dabei verändert und Erfahrungen macht, um am Ende das Ziel der Erleuchtung zu finden. Spontan fragte eine Schülerin: „Und wie lange dauert das?" Ich überlegte kurz, um ihr dann zu erklären, dass man zum Beispiel davon ausgeht, dass der menschliche Leib alle sieben Jahre seine Körperzellen erneuert und somit quasi ein neuer Mensch entstanden ist. Wieder sagte die Schülerin ganz spontan: „So lange habe ich keine Zeit."

Nun, die sieben Jahre sind längst vorüber. Ob die Frau heute nicht doch mit dieser Zeitspanne einverstanden wäre?

Manchmal denkt sich der Autor:
Es gehen täglich so viele Menschen an mir vorbei, angenehme und unangenehme. Wenn die doch bloß alle vor sieben Jahren mit Meditation begonnen hätten .... besonders die unangenehmen.

Apropos sieben Jahre Erneuerungszeit für den menschlichen Körper. Auch das ist ein Grund, warum wir von einem Marathon sprechen können. Leib, Gefühle und Verstand sind alle gleichermaßen am Wandlungsprozess beteiligt.

Dabei wird die regelmäßige Kultivierung des Leibes gerne unterschätzt. Doch er ist bei allem Tun oder Nicht-Tun beteiligt. Stets sind wir auf ihn angewiesen, woran wir bei Unfall oder Krankheit schmerzlich erinnert werden.

Bei einem spirituellen Pfad spielt die bewusste Einbeziehung des Leibes eine wesentliche Rolle. Und wenn wir uns dieser Tatsache gewahr werden, geht es nicht bloß um eine Information für unser Gehirn, sondern um die praktische Konsequenz, nämlich das bewusste Hinspüren. Der Leib trägt uns beim Sitzen, beim Stehen und Gehen, nimmt den Atem in Empfang und lässt ihn wieder herausfließen. Der Leib atmet und wir mit ihm.

Ein spirituelles Gelingen gibt es immer nur mit unserem Leib. Was auch immer Sie, leiblicher Leser und leibliche Leserin, für Ihr körperliches Wohlbefinden im Alltag tun; es kann auch einen göttlichen Aspekt haben und Sie der Erfahrung des Leibes im ewigen Jetzt näherbringen.

★

Der Wandlungsprozess hin zu einem Menschen in Nicht-Zweiheit braucht Ausdauer und Geduld. Da geht nichts auf die Schnelle. Dafür gibt es zu viele Aspekte, die beim Menschen integriert werden wollen, wie etwa das gesamte Gefühlsleben und damit auch alle Situationen des Tages, in denen unsere Gefühle eine vorherrschende Rolle spielen.

Hier hat jeder Mensch seinen unverwechselbaren Umgang mit sich selbst und der Gesellschaft, sein eigenes Geschick, sein Talent und seine Intelligenz. Wir können uns hier „nur" an gewisse allgemeine Wegweiser orientieren:

einfache Gefühle anstatt Ver(w)irrung,
ein aufgeräumtes Herz anstatt Gefühlschaos,
ehrliches Empfinden anstatt Selbstbetrug,
Mitgefühl anstatt übertriebene Egozentrik.

In der Ruhe und Stille der Sitz-Meditation nehmen wir uns die Zeit, die Gefühle zu klären und wieder zu unserem eigentlichen und natürlichen Lebensgefühl zurückzukehren. Daher ist die Stille so wichtig, wenn wir mit uns „im Reinen" sein wollen.

Die Umgebung spielt dabei selbstverständlich auch immer eine Rolle. Sie kann förderlich sein oder hinderlich. Beides gilt es zu erkennen, um dann die jeweiligen Chancen und Gelegenheiten geschickt und mit Bedacht zu nutzen.

★

Eine gute spirituelle Methode möchte den Übenden bei seinem Pfad der Wandlung von Leib, Gefühl und Verstand wirkungsvoll unterstützen und bis zum Ziel begleiten.

Die Methode ist der Weg –
ohne gute Methode kein guter Weg.

Bei allen wichtigen Traditionen ist die Pflege des Atmens von wesentlicher Bedeutung (Christliche Kontemplation, Zen-Buddhismus, Yoga im Hinduismus, Taoismus). Sie in das eigene Leben zu integrieren hat sich immer wieder bewährt. Atem ist Leben und Leben ist unsere von Gott eingehauchte Natur.

Was könnte für einen spirituellen Weg natürlicher und zugänglicher sein als unser Atem?! Er funktioniert und dient uns, selbst wenn wir gar nicht an ihn denken und ihn einfach geschehen lassen wie beim Schlafen oder bei der wachen Meditation.

Bei unserem spirituellen Marathon brauchen wir nicht nur einen natürlichen Atem, sondern auch den sprich-wörtlich „langen Atem". Ihn pflegen und vertiefen wir in den alltäglichen Übungen und im stillen meditativen Sitzen. Der Atem eignet sich für unsere Wachsamkeit in vorzüglicher Weise, denn er ist immer da und für uns deshalb auch jederzeit leicht erreichbar. Das ist ein sehr großer Vorteil, den wir klug beachten sollten.

Wenn es uns gelingt, dieses wertvolle Instrument im Laufe des Tages zu nutzen, anstatt es achtlos als selbst-verständlich zu betrachten, dann haben wir einen zuverlässigen Verbündeten auf dem Weg!

Den Umgang mit dem eigenen Atem halten wir dabei so schlicht wie möglich. Und wir verbinden ihn mit unserer Wachsamkeit; das ist das Entscheidende.

Das bedeutet: Die Ausatmung des Leibes einfach geschehen lassen, loslassen, nicht willentlich eingreifen. Der Atem kommt von alleine wieder. Am besten wandert die Aufmerksamkeit dabei zur Bauchgegend und verweilt dort beim Atem. Dadurch kommen wir vom Kopf runter und verbessern das Bauchgefühl (und die Versorgung mit Sauerstoff)!

Wenn Sie im Laufe des Tages immer mal wieder diese Achtsamkeit beim Atmen einfügen, dann erkennen Sie ihren Wert.

Es gibt manchmal Phasen, in denen nicht viel läuft. (Beim Marathon ist das der berühmte „Hungerast".) Auch dann heißt es: Weiteratmen, weiter da sein. Nicht zu viel wollen, nichts erzwingen, sich nicht zu viel abverlangen. Abwarten, bis die Energie wieder von selbst kommt.

Solche lauen Zeiten sind natürlich und gehören dazu. Diese Phasen kommen und sie verschwinden auch wieder. Es gibt keinen Grund zur Eile, denn Sie bleiben auch dann ständig im Jetzt, keine Sorge.

Die Wandlung des Menschen braucht seine ruhige lang-atmende Zeit. Einen Hauptgrund dafür haben Sie bereits kennengelernt, nämlich die Integration des Unbewuss-ten. Kein Übender kann vorher wissen, was aus der Tiefe der eigenen Seele auftaucht, wie groß die Heraus-forderung ist und ob es gelingt, sie zu meistern.

Wie mag es sich anfühlen, wenn auf diese Weise etwas „Großes" erreicht wird?

Das persönliche Unbewusste in das eigene Bewusstsein zu heben, führt zu einer großen ehrlichen Zufriedenheit. Was Sie auf diesem Weg der Selbsterforschung (und Gottesbegegnung) investieren an Aufwand, Mühe und Zeit, erhalten Sie auch wieder zurück als inneren Reich-tum. Es ist wie mit allem im Leben:

Der Fleiß bestimmt den Preis!

An einer früheren Stelle des Buches räumte Ihnen der Autor ein, es sei „sehr schwer" und brauche „viel, viel Übung", die mystische Erfahrung zu erlangen.

Es ist ein schwerer Weg, gewiss. Aber er ist eigentlich im Großen und Ganzen betrachtet nicht schwerer als das Leben selbst. Jedes Menschenleben ist schwer zu meistern und verlangt alles von uns ab, letztlich das ganze Leben!

Das Schwierige an einem mystischen Pfad ist gleich die erste Hürde. Da der Verstand Sinn und Ziel schwerlich mit seinen begrenzten Möglichkeiten verstehen kann, wird solch ein Weg erst gar nicht begonnen oder nur halbherzig oder nur viertelherzig oder gar ohne Herz und auch ohne Leidenschaft. Und dann ist es praktisch unmöglich – so die persönliche Meinung des Autors –, die verborgene Wirklichkeit allen Seins aufzuspüren.

Der Weg ist auch deshalb ein Marathon, weil es lange braucht, bis eine spirituelle Methode ins Leben integriert ist. Und der westliche Mensch ist darauf nicht vorbereitet. Er kann kaum auf wirkungsvolle Methoden und Hilfen zurückgreifen, die er aus seiner Tradition und Erziehung kennengelernt hat.

(Dann hätte die Mystik in der Gesellschaft einen anderen Stellenwert und mehr Menschen könnten mit ihr im wahrsten Sinne des Wortes „etwas anfangen".)

Was einen spirituellen Pfad (für manche Menschen) so schwierig erscheinen lässt, ist die Andersartigkeit der Methoden und der Herangehensweise an das Leben selbst. Das ist für den westlichen Menschen ungewohnt, er ist damit nicht vertraut. (Atempflege, Sitzen in Stille, Beschäftigung mit dem persönlichen Unbewussten und spirituelle Achtsamkeit im Alltag.)

Doch denken Sie einmal an Lastenträger in den Anden oder im Himalaya. Männer und auch Frauen tragen dort Lasten von 30 Kilogramm und noch sehr viel mehr stundenlang in großer Höhe, oft im Laufschritt; hinauf und hinunter, jeden Tag. Eine unglaubliche Leistung. Die Menschen dort sind es gewohnt, für sie ist es normal und gehört zu deren Lebensalltag.

So benötigt auch ein engagierter spiritueller Weg seine Zeit der Eingewöhnung, bis er als normal empfunden wird. Oder sagen wir besser: als natürlich empfunden wird. Denn das trifft es genau. Es geht in der Mystik immer nur um die eigentliche verborgene Natur des Menschen.

Je besser sich ein Mensch mit den Methoden der Spiritualität vertraut macht, sie schätzen lernt und in sein Leben hineinnimmt, desto natürlicher wird solch ein Weg empfunden. Und deshalb sind die einfachen Methoden auch die besten.

Ein Marathonläufer muss seinen eigenen Körper und dessen Reaktionen gut kennen. Der Verstand und sein Körpergefühl helfen ihm dabei. Wie schätze ich meine Fähigkeiten momentan ein? Was kann ich mir zumuten? Welches Tempo gehe ich an? Am besten nicht gleich alles verpulvern mit viel Anfangs-Elan, sonst verausgabe ich mich schnell und komme vorzeitig an ein Ende.

Ein guter Marathonläufer hat eine Strategie und läuft mit Verstand. Er beachtet seine Tagesform, seine Energie und seine aktuellen Möglichkeiten. Selbstüberschätzung ist ebenso fehl am Platz wie Unterforderung.

Auch die Stimmung im Umfeld und das Klima nimmt der Läufer aufmerksam wahr. Er ist fokussiert auf sein Ziel und setzt sich mit allem ein, was er aufzubieten hat.

Optimismus, Charakter, Temperament, Wille, Körperkraft. Seine Motivation stimmt; und deshalb läuft er los und hört erst wieder auf, wenn er am Ziel ist.

(Applaus – Applaus)

★

Wenn der Weg lange dauert und anstrengend ist, dann tragen uns unterwegs die Hoffnung und eine optimistische Grundeinstellung. Für eine gute und zuversichtliche Stimmung zu sorgen, ist deshalb auf Dauer unerlässlich. Sonst geht Ihnen irgendwann die Puste aus.

WIR WERDEN NICHT FÜR DAS ANFANGEN BELOHNT, SONDERN FÜR DAS DURCHHALTEN!

ELFTES KAPITEL
NEUE ORIENTIERUNG

Am Anfang des Buches stand die mystische Erfahrung im Mittelpunkt. Wir haben uns ihr im Laufe der Lesezeit gedanklich und gefühlsmäßig angenähert durch Bilder und Vergleiche, Erlebnisse und Erläuterungen und dabei das Verständnis gewonnen, dass religiöse Worte wie „Mystik" oder „Gott" mit einer intensiven Erfahrung verbunden sind.

Nun wollen wir den Leser und die Leserin bei unseren weiteren Überlegungen noch mehr in den Mittelpunkt unserer spirituellen Hinweise rücken. Denn das ist es, was Mystik möchte. Sie weist den Menschen auf eine mögliche Erfahrung in seiner eigenen Gegenwart hin. Und die Gegenwart ist unzweifelhaft der Mittelpunkt Ihres persönlichen Lebens.

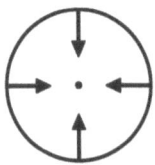

Wenn Mystik eine persönliche Bedeutung haben kann, dann nur deshalb, weil sie etwas anbietet, das Sie sonst auf keine andere Weise erfahren können: die Wahrnehmung der eigenen Nicht-Getrenntheit von allem Leben als eine umfassende glückselige Erfahrung im ewigen Jetzt.

Wir können im Leben vieles anstreben und als Ziel erreichen: Freundschaft, Familie, gut bezahlte Arbeit, Urlaub, Hobby, vielleicht eine Weltreise. Alles hat seine Berechtigung, keine Frage; und auch kein Aber.

Wir denken intensiv über unsere wichtigen Wünsche nach, machen Pläne und setzen dann unseren Willen und die ganze Person dafür ein, diese Vorhaben umzusetzen. Dabei verwirklichen wir manche Ziele ganz und vollkommen und andere vielleicht nur zur Hälfte oder gar nicht. Wie das Leben eben so spielt.

Neben dem vielen gibt es auch noch zusätzlich das eine verborgene Geheimnis, das immer und überall darauf wartet, von uns entdeckt zu werden. (Potenziell auch in der Freundschaft, Familie oder im Hobby.)

Die Mystik orientiert sich an der Gegenwart, denn nur in ihr ist die zentrale Erfahrung der Nicht-Zweiheit zu erreichen. In dieser Gegenwart leben Sie, der Leser und die Leserin, sowieso. Sie können dem Jetzt auch gar nicht entrinnen, denn im Verborgenen sind Sie mit dem ewigen Jetzt bereits verbunden!

Doch wahrscheinlich wissen Sie das nicht mit völliger Klarheit, weil Sie es nicht direkt erkennen und spüren. (Insgeheim ist da sicherlich etwas!)

So ist das mit diesem großen Geheimnis – das aber kein Geheimnis für Sie zu bleiben braucht. Es gilt die Einladung der Mystik, sich am eigenen lebendigen Jetzt zu orientieren, um durch geeignete Lebensführung, spirituelle Praxis und Übung in Stille mehr und mehr dem Geheimnis Ihres persönlichen Jetzt näherzukommen.

Mit der fließenden Zeit sind Sie im Leben vertraut. Die Mystik weist Sie noch auf das „Stehende Nun" hin. Dort wartet Ihr Geheimnis als Mensch mit der großen Überraschung, dass Sie persönlich mit der gesamten Welt in Nicht-Zweiheit verbunden sind. Unglaublich, aber wahr.

Was vorher (dieses Vorher gibt es dann nicht mehr) noch undenkbar und deshalb unmöglich erschien, ist dann zu Ihrer persönlichen Gewissheit geworden, die Ihnen niemand mehr nehmen kann.

Der normale Verstand erkennt nicht die ganze Wahrheit Ihrer Gegenwart. Er kann das Jetzt nicht denken. Er kann nur darüber „nach"-denken. Und damit verpasst er das „Stehende Nun", das schon vorüber ist. Und wenn Sie als ganzer Mensch diesem Nachdenken folgen, dann verpassen auch Sie das „Stehende Nun" und damit leider auch Ihre Ewigkeits-Erfahrung.

(Für jeden, der an dieser Stelle ein wenig vorausdenkt und dadurch auf die Frage nach dem Tod trifft:
Über das große Thema des Sterbens und die Täuschung des Verstandes, was den Tod betrifft, kann der Autor in diesem Buch nicht eingehen. Jedoch weiß hier das Herz eines jeden liebenden Menschen bereits mehr als unser Verstand.)

Die Annäherung an Ihr persönliches Jetzt benötigt eine allmähliche Wandlung des ganzen Menschen (als Leib, Gefühl, Verstand, Wille und mehr). Alles wird quasi nach und nach auf das Jetzt konzentriert und in das Jetzt hineingenommen. (Hilflose Worte, der Autor weiß das.)

Der Verstand hat eine besondere Aufgabe: Er ist für die Zweiheit und Vielheit im Leben zuständig. Ansonsten wäre es schön, wenn er sich eingesteht, er kann Ihnen keine sichere Antwort geben auf Ihre existentiellen Fragen nach einem letzten Sinn oder der Unvergänglichkeit. Die Mystik kann das.

Wenn wir die begrenzten Möglichkeiten des Verstandes berücksichtigen, dann führt dies zur Praxis der Stille, in der Ihre Gedanken mehr und mehr zur Ruhe kommen und zusätzlich eine ganzheitliche Wandlung erfolgt.

Dies sind die wesentlichen Punkte einer Orientierung für einen Menschen, der die Einheit mit dem gegenwärtigen göttlichen Geheimnis verwirklichen möchte. Diese Orientierung soll Ihnen helfen, sich im Leben spirituell zurechtzufinden.

Sie soll außerdem helfen, Seinsfühlungen, in denen das „Göttliche" durchschimmert, deutlicher und häufiger zu spüren. Es liegt an Ihnen, über diese Orientierung in Ihrem Leben nachzusinnen.

Eine Scheu vor solch einem Ziel sollten Sie zumindest nicht haben; denn es geht um eine völlig natürliche Wirklichkeit, die uns von „Gott" her (vom ewigen Leben her) gegeben ist. Und wir dürfen doch deshalb wohl auch annehmen, dass diese Wirklichkeit Gottes im ewigen Jetzt genau dazu da ist, von uns persönlich entdeckt und gelebt zu werden.

(Diese Einladung dürfte somit ewig bestehen! Aber vielleicht warten Sie praktischerweise nicht ganz so lange.)

Der Weg zu einer persönlichen mystischen Erfahrung wird nicht auf einmal gegangen. Deshalb brauchen Sie auch keine schnelle Entscheidung zu fällen nach dem Motto „Ganz oder gar nicht". Was macht es für einen Sinn, eine kühne Absicht zu haben, um schon nach kurzer Zeit ernüchternd festzustellen, dass man sich doch geirrt habe oder einem die Lust wieder verflogen ist und man doch eigentlich auch gar keine Zeit dafür habe und wahrscheinlich eh nichts dran ist. (Klingt für einen Mystiker nach einer Anleitung zum Unglücklichwerden.)

Es kann sinnvoll sein, sich langsam an das Thema der Mystik heranzutasten, um damit vertraut zu werden. Nichts kann Ihnen verloren gehen. Alle Gedanken, Themen und die verborgene Wirklichkeit sowieso stehen Ihnen jederzeit ganz zur Verfügung. Durch die Beschäftigung mit den Themen dieses Buches werden Sie nach einiger Zeit (noch) mehr verstehen als jetzt, weil sich Ihre Sichtweise ändert. So kann sich für Sie eine persönlich angepasste Orientierung ergeben, die für Sie nichts Ungewöhnliches an sich hat, weil Sie durch eine natürliche Entwicklung entstanden ist.

So gewinnen Sie an selbständiger Sicherheit und können besser bestimmen, was Sie auf diesem Gebiet für sich tun möchten und können. Je mehr Sie Ihre Orientierung auf Ihre eigene Mystik finden, desto nachhaltiger und effektiver sind Ihre eigenen Schritte. Sie verstehen selbständig Zusammenhänge in allen Bereichen des Lebens, werden offener gegenüber Seinsfühlungen der zugrundeliegenden Wirklichkeit und können diese dann für sich selbst besser erklären.

Sie müssen auch nicht an der Richtigkeit Ihres einge-
schlagenen Weges zweifeln, wenn andere Menschen Ihr
Interesse für Mystik nicht teilen. Sie kennen jetzt gute
Gründe (zum Beispiel der Verstand oder die Unsichtbar-
keit des Geheimnisses), die das Nicht-Interesse erklären
können. Verantwortung haben wir zunächst immer
erst für unser eigenes (mystisches oder unmystisches)
Leben.

Im Folgenden finden Sie noch ergänzende Anregungen
zu den wichtigen Punkten einer sinnvollen Orientierung:

- Die Standort-Bestimmung
- Die Beschäftigung mit der Zweiheit im eigenen Leben
- Die Basis-Übung im Sitzen
  Sie ist ein bewährtes Mittel auf dem Weg zur Nicht-
  Zweiheit.
  Sie ist wertvoll für Ihre Gesundheit.
- Die Vorteile einer Orientierung auf das Jetzt
- Eine moderne Geschichte über das Leben mit oder
  ohne Mystik
  Sich in das Geheimnis des Jetzt zu vertiefen ist wie
  das Besteigen eines konkreten mystischen Berges.

Standort-Bestimmung

Eine neue Orientierung beginnt mit einer realistischen Standort-Beschreibung. Was für ein Typ von Mensch sind Sie? Dadurch werden Ihr eigener Standort und das Losgehen und Näherkommen an eine mystische Erfahrung mitgeprägt.

Wie schätzen Sie sich ein? Wie viel Verstandesmensch sind Sie, wie viel Gefühlsmensch, wie viel Körpermensch? Oder sogar: wie viel spiritueller Mensch?

Wie sind die verschiedenen „Bereiche" bei Ihnen verteilt, gewichtet? Welche Aufmerksamkeit schenken Sie den drei Bereichen und woran zeigt sich dies konkret? Fragen Sie Freunde und Vertraute; denn deren Sicht kann von Ihrer abweichen.

So wie Sie sind, begegnen Sie der Welt.
Gut zu wissen, wie Sie sind.

Und wenn Sie diese Bereiche gut für sich geklärt haben (aufschreiben hilft Ihnen dabei, da es die Überlegungen für Sie greifbarer macht), dann können Sie auch andere Menschen in dieser Weise besser einschätzen, wertschätzen und in ihrem Sein und Wollen berücksichtigen.

Wir leben immer in Gemeinschaft und in einer Gesellschaft. Ihr persönlicher Standort, die Lebenslage sowie Einstellung zum Geheimnis des Lebens sind davon mitbestimmt. Werden Sie sich dessen gewahr, so können Sie Ihre Gesamtsituation besser überblicken.

Der Autor erhofft für Sie, dass Ihnen eine Orientierung auf Ihre Mystik gelingt.

Zweiheit im eigenen Leben

Es bietet sich für Sie an, sich weiterhin mit den Dualitäten zu beschäftigen, und zwar konkret in Ihrem eigenen Leben. Entdecken Sie die unzähligen Zweiheiten in Ihrer persönlichen Welt, egal in welchem Bereich, auf welchem Gebiet. Und denken Sie bitte daran, dass diese Dualitäten immer mit der Wahrnehmung Ihres Verstandes zu tun haben.

Oder Sie suchen sich eine einzige Zweiheit heraus, die Sie im Moment am meisten interessiert oder im Leben betrifft. Je intensiver und auch persönlich betroffener – also nicht nur abstrakt und intellektuell – Sie sich mit den Zweiheiten der Welt beschäftigen und darauf einlassen, desto eher und nachhaltiger kann Ihnen bewusst werden, dass Zweiheit nicht alles sein kann und dass es noch etwas Verborgenes gibt, nämlich Nicht-Zweiheit.

Im Prinzip ist die gesamte Erklärung des irdischen Daseins darauf angewiesen, die Nicht-Zweiheit zu erfassen. Je mehr Sie sich damit beschäftigen – und das ist der höhere oder tiefere Sinn –, desto besser wird Ihr Gespür und damit auch Ihre Orientierung hin zum nicht-dualen Geheimnis, allgemein mit dem Wort „Gott" bezeichnet.

Der Autor möchte Ihnen aus eigener Erfahrung gerne zusagen, dass es sich lohnt, dieses einmalige existentielle Ziel im Blick zu haben.

Die Basis-Übung: Sitzen in Stille

Den Sinn und die Bedeutung der Stille für einen spirituellen Pfad haben Sie verstanden. Und Sie brauchen nur wenig, um diese Erkenntnisse fruchtbringend in die Tat umzusetzen. Es genügt ein Stuhl (in passender Höhe und mit einer nicht zu weichen Unterfläche), ein ruhiger angenehmer Ort und eine halbe Stunde ungestörte Zeit nur für Sie selbst und Ihr Abenteuer in der Stille.

Wenn wir schon sitzen, dann am besten gleich richtig. Und das heißt: in aufrechter Sitzhaltung und in voller Wachheit, beides circa 25 Minuten lang.

Wir sitzen auf der vorderen Fläche eines Stuhles und bauen uns langsam von unten nach oben auf. Die Füße und Beine sind parallel zueinander und in Hüftbreite. Die Füße haben vollen Bodenkontakt und sind in der Erde wie verwurzelt. Unterschenkel und Oberschenkel bilden einen rechten Winkel, Oberschenkel und Oberkörper ebenso.

Unter unserem Gesäß können wir mit unseren Händen die beiden Sitzknochen ertasten, auf denen wir spürbar die ganze Zeit sitzen. Nur so ist gewährleistet, dass der Oberkörper nicht zusammenfällt; die Atmung kann frei fließen und die Wachheit aufrechterhalten werden.

Die Wirbelsäule wird aufgerichtet und nimmt eine gesunde Körperhaltung ein. Der Kopf sitzt in Verlängerung der Wirbelsäule und hat eine minimale Neigung nach unten; gerade mal so viel, um den Kontakt mit dem Leib und Boden zu bewahren.

Wir können in dieser Körperhaltung mit unserem Oberkörper nach links und nach rechts pendeln, um dadurch festzustellen, ob wir auch wirklich im Lot sind. Das gleiche machen wir durch das Pendeln nach vorne und nach hinten. Dieses Einpendeln können wir auch während der Übung verwenden, um die Sitzhaltung zu überprüfen.

Wir können den Leib auch kurz nach oben gen Himmel strecken (einatmen), um ihn dann mit einem leichten Seufzer der Erleichterung (ausatmen) niederzulassen auf das Gesäß (mit Sitzknochen) und die feste Sitzfläche.

So haben wir eine geeignete Wohlspannung im Leib, die uns während der gesamten Übung begleitet.
(Übung schafft hier Gewohnheit.)

Die Hände ruhen mit den Handflächen auf den Oberschenkeln oder werden wie eine Schale geformt und auf den Schoß (oder unterhalb des Bauchnabels) abgelegt. Die Augen sind geschlossen oder leicht geöffnet.
(Nach eigenem Empfinden auswählen.)

Wir betrachten unsere Körperhaltung noch einmal als Gesamtheit; spüren noch einmal von den Füßen bis zum Kopf und wieder zurück. Wenn wir dabei muskuläre Verspannungen finden (zum Beispiel im Gesicht), werden diese bewusst gelöst. Das verbessert die Meditation. Ihr Körper ist nun bereit, die äußere Haltung eingenommen.

Nun zur inneren Haltung:

Die Aufmerksamkeit ist die ganze Zeit in der Bauch-gegend (etwa zweifingerbreit unterhalb des Bauch-nabels), wo die Bauchdecke sich mit dem natürlichen Atemfluss leicht hebt und senkt. Wir schauen nur zu und sind ganz wach im Bauchbereich. Der Atem kommt und geht. Wir lassen ihn geschehen, so wie er fließt. Wir schauen nur zu und sind wach.

Die Gefühle kommen und gehen. Sie werden angenom-men, wie sie sind und nicht bewertet oder gar reflektiert. Einfach nur zuschauen und wach sein. Was aus dem Un-bewussten aufsteigen mag, begrüßen wir ebenso und schauen nur in Wachheit zu.

Der Verstand zieht sich zurück und überlässt alles der Wachheit. Gedanken kommen und gehen. Wir schenken ihnen im Kopf keinerlei Aufmerksamkeit und verweilen nur in der Leibmitte. (Lediglich bei Ungeübten kann es ratsam sein, dass der Verstand zwischendurch über-prüft, ob die Körperhaltung immer noch in Ordnung ist. Ansonsten sind wir einfach wach im Jetzt – das ist alles.)

Nach den 25 Minuten kommen wir aus der Stille und Unbeweglichkeit wieder heraus und können bei Bedarf des Leibes erneut leicht nach links und rechts pendeln.

Zum Abschluss verneigen wir uns zur Erde hin, die uns während der Übung getragen hat und auch danach stets tragen wird. Mit ihr bleiben wir als Mensch dauerhaft verbunden.

Zur Bedeutung der Sitz-Übung:

Unter uns weilt die Erde, über uns der Himmel. Und dazwischen wir selbst mit Leib, Gefühl und (ruhendem) Verstand. Unser Bewusstsein und der aufrechte Leib verbinden das Unten mit dem Oben. In der Leibmitte verweilen wir in Wachheit, bis das Bewusstsein in der Nicht-Zweiheit allen Lebens erwacht.

Das ist die mystische Erfahrung im ewigen Jetzt,

das edle Ziel jeder Spiritualität.

Die Basis-Übung ist eine gute Grundlage für unseren spirituellen Weg zum Geheimnis und damit zu uns selbst. Auf sie können wir auf Dauer nicht verzichten. Sie gibt uns durch ihre Regelmäßigkeit ein sicheres Fundament, auf das wir aufbauen können.

Die Übung im Sitzen und die Alltagspraxis ergänzen sich und verstärken sich gegenseitig. Entscheidend ist jedoch nicht allein die Quantität der Übungen, sondern vor allem die Qualität!

Dazu gehört: die richtige Ausführung!

Desweiteren: die innere Beteiligung, die Achtsamkeit, die Sehnsucht, ein ehrliches Leben in der Gesellschaft, in der es oft rau und rücksichtslos zugeht, Demut gegenüber dem verborgenen Geheimnis (für viele besonders schwer), sein Ego zurücknehmen können und ähnliche schöne Tugenden.

Ein gesunder Bauch

Jedes Jahr gehen zehntausende Patienten zum Arzt oder gar ins Krankenhaus und klagen über Bauchschmerzen. Die Ursachen sind vielfältig. Ernährung spielt dabei oft eine sehr große Rolle. Häufige Diagnosen lauten: Reizdarm-Syndrom und funktionelle Störungen. (Eigentliche Ursache oft unbekannt.)

Die Nerven in der Darmwand sind überaktiv, die über 100 Millionen Zellen des Bauchhirns chronisch gereizt und damit überfordert. Dabei sind keine organischen Schäden festzustellen; nein, es geht um die Psyche und die Lebensführung.

So lautet denn auch der kluge Rat des Arztes oder der Ärztin: Stress abbauen und entschleunigen. Das sind zwei zutreffende Schlagworte der heutigen Zeit in Bezug auf die Lebensweise im Westen.

Da wir in diesem Buch auch gerne die Achtsamkeit auf die Sprache lenken wollen, bemerken wir sofort, dass in dem ansonsten inhaltlich positiven Rat die Orientierung auf die zwei negativen Worte beibehalten wird. (Die beiden verwendeten Bezeichnungen „Stress abbauen" und „entschleunigen" negieren das Negative, nämlich Stress und ein beschleunigtes Leben.) Wir möchten jedoch eine positive Orientierung, Sichtweise und damit auch Sprache.

Das könnte hier bedeuten: Der Patient braucht Ruhe, Gelassenheit und eine insgesamt langsamere Gangart.

Ruhe und Langsamkeit sind demnach gesundheitlich positive Werte, die wir ruhig und klug in unser Bewusstsein integrieren sollten.

Und dies umso mehr, weil die Gesellschaft so wenig dafür tut. Sie als Einzelner/Einzelne können sich hier selbst besinnen und so Ihre Gesundheit erhalten.

Diagnose aus chinesischer Sichtweise

Die Traditionelle Chinesische Medizin (TCM) ist in gekonnter Weise in der Lage, den westlichen Menschen kurz und knapp zu charakterisieren:

Oben ist Fülle – unten ist Leere.

Das bedeutet, im oberen Bereich (vor allem im Kopf, aber auch im Brustbereich) ist zu viel Energie, die sich staut, während dementsprechend im unteren Bereich des Leibes die Energie fehlt. Oben sorgt dies für Probleme in Form von Kopfweh und Überlastung, unten im Bauchbereich führt dies zu Bauchweh, Unwohlsein und Verdauungsproblemen.

Dies ist die typische Energieverteilung des westlichen modernen Menschen.

Die TCM sieht den Menschen als eine Einheit und versteht es schon in langer Tradition, die menschliche Befindlichkeit in kompetenter Weise auf duale Art zu beschreiben und Krankheiten zu diagnostizieren (Yin und Yang). Wir sehen daran, wie sinnvoll und erfolgreich ein duales System eingesetzt werden kann.

★

Weniger Kopf und mehr Bauch

Ein spiritueller Weg ist immer auch ein gesunder Weg, wenn er richtig gegangen wird. Die Hinwendung unserer Aufmerksamkeit auf den Bauchbereich – besonders in der Stille-Übung im Sitzen – sorgt dort für einen Zuwachs an Energie; weg vom überlasteten Kopf und hin zum Bauch, der sich über die zusätzliche Energie freuen kann.

Der Bauch entspannt sich zunehmend und die Nerven des Bauchhirns können sich beruhigen; auch die Verdauung wird durch diese bewusste Zuwendung mit der Zeit gebessert, und der ganze Bauchbereich fühlt sich insgesamt wohler an.

Vor allem werden Sie, wenn Sie länger meditiert haben, empfindsamer gegenüber dem, was in Ihrem Bauch geschieht. Stress und Verkrampfungen werden schneller bemerkt und durch die Bauch-Übung wieder beruhigt. Sie erhalten auf diese Weise ein neues bewusstes Bauchgefühl. Und auf das möchte sich doch jeder gerne verlassen können, oder?!

Orientierung auf das Jetzt

Es ist ein Vorteil im Leben, verstanden zu haben, dass im Jetzt ein großes Geheimnis wartet, das entdeckt werden will. Dadurch haben Sie eine bleibende Orientierung für Ihr Dasein und spirituelles Aktivsein.

In Ihrer persönlichen Gegenwart liegt die existentielle Antwort verborgen auf die großen Sinnfragen:

Woher kommen wir? Wohin gehen wir?

Wir kommen aus dem Jetzt und gehen zum Jetzt.

Und was machen wir die ganze Zeit in diesem Jetzt?

Leben, leben, leben …….

So einfach ist letztlich die Antwort!

Dieses Wissen als mystische Erfahrung zu realisieren ist reizvoll, spannend, äußerst befriedigend und aufregend. Vor allem können Sie dadurch dem, was Sie im Leben tun (inklusive wohltätiger Einsatz in der Welt oder Engagement für die Umwelt sowie die Geschöpfe der Natur) eine zusätzliche Bedeutung geben.

Alles kann Sie prinzipiell dem Jetzt näherbringen und damit der Wirklichkeit Gottes. Die Möglichkeiten sind unbegrenzt, entsprechend den unzähligen Situationen des Tages, die immer wieder neue Gelegenheiten bieten. Kreativität und Eigeninitiative sind hier gefragt.

Noch in einem weiteren Punkt haben Sie durch die Beschäftigung mit dem mystischen Jetzt hinzugewonnen:

Bezeichnungen wie Gott, Gottesbegegnung, Gotteser-kenntnis, mystische Einheit (unio mystica) oder Tran-szendenz, letzte Wahrheit und andere Begriffe aus den vielen Religionen der Welt sind wichtige und hilfreiche Begleiter unseres religiösen Lebens.

Nicht die Worte als solche sind jedoch maßgeblich, sondern die menschlichen Erfahrungen, die hinter diesen Worten stehen. Und alle tiefen Erlebnisse in diesen Reli-gionen haben das eine gemeinsam: Es sind intensivste, große und umfassende Erfahrungen des Jetzt. Weil sich genau hier das große Geheimnis des Lebens verbirgt!

Es ist deshalb auch nicht entscheidend, ob wir mit die-sen religiösen Begriffen aufgewachsen sind und deshalb mit ihnen vertraut sind, ob wir mit ihnen umgehen können oder nicht, ob wir die Begriffe mögen oder nicht. Entscheidend ist vielmehr, ob ein Mensch sich auf eine intensive Erfahrung des Jetzt einlassen möchte und es ihm auch mit den geeigneten Maßnahmen, Mitteln und Schritten gelingt.

Selbst das Wort „Mystik" ist nur ein Wort, das der Autor (gerne) verwendet, weil Menschen mit der gleichen Erfahrung der Nicht-Zweiheit dasselbe Wort verwenden. Doch was es an leibhaftigem Erleben bedeutet, ist allein das, worauf es ankommt. Und wenn ein aufgeschlosse-ner Mensch dies wirklich wissen möchte, dann braucht er sich „nur" in das Jetzt zu vertiefen. Es steht jedem Menschen jederzeit und überall zur Verfügung. So einfach ist es. In der Tat.

Der Berg des Lebens – eine Geschichte

Es gab einmal einen Berg, der wurde „Berg des Lebens" genannt und war groß und mächtig, doch irgendwie auch unheimlich. Sein Gipfel war von unten niemals zu sehen, egal wie schön das Wetter war.

Die Menschen im Flachland beachteten ihn gar nicht mehr, sie hatten sich schon zu lange an ihn gewöhnt. Obwohl, irgendwie sonderbar war er schon. Denn mit jedem Moment änderte er sein Aussehen, genauso wie es auf „Flachland" der Fall war. Man hatte irgendwie das Gefühl, als würde der Berg das gesamte Leben auf Flachland widerspiegeln. Warum das so war und was es zu bedeuten hatte? Keiner wusste es. Und da dies schon immer so war, fragte auch keiner mehr danach.

Wozu auch. Auf dem Flachland gab es alles, was man zum Leben brauchte: Milch von den Kühen, Obst von den Bäumen und Sträuchern, Getreide von den Feldern und alles, was das Herz begehrte, vom Bauern nebenan. Keiner musste Mangel leiden. Jeder vergnügte sich auf seine Weise und hatte Freude beim Feiern, wo immer sich die Gelegenheit ergab.

Nur manches Mal störte der Berg dann doch ein wenig. Man munkelte, dass es oben auf dem Gipfel ein Geheimnis gäbe. Na, und wenn schon. Sollte man sich deshalb auf den Weg machen und das sichere Gebiet verlassen, ohne überhaupt zu wissen, was einen dort oben erwarten würde?

Und war es nicht viel zu anstrengend oder gar gefährlich, auf einen so hohen Berg zu steigen?

Und wenn auf dem Flachland sowieso alles Leben zu sein schien wie auf dem Berg, was konnte dieser dann schon Neues bieten? Das war das Wagnis nicht wert.

Keiner konnte sagen, wer den Berg als Erster bestiegen hatte. Doch es gab Gerüchte und die verbreiteten sich im ganzen Land. Auch an anderen Orten waren Menschen vom Berg zurückgekehrt und man erzählte sich wundersame Geschichten.

Ja, der Berg war sehr seltsam. Sobald man den ersten Fuß darauf setzte, hatte man das Gefühl, als türme sich das gesamte Leben von Flachland auf zu diesem hohen Massiv. Und da der Berg in jedem Moment sein Aussehen veränderte, gab es auch keine ausgetretenen Pfade. Jeder musste sich seinen Weg alleine suchen. Und viel Gepäck konnte man auch nicht mitnehmen.

Aber jeder, der das Bergmassiv betrat, spürte auch eine besondere Faszination, die vom Gestein ausging; eine Art Anziehungskraft, so als wollte der Gipfel dem Bergsteiger entgegenkommen.

Aus den Berichten der Wiederkehrer konnte man entnehmen, dass vor allem folgende Eigenschaften für den Aufstieg wichtig waren: Mut, Ausdauer, Vertrauen in die eigenen Fähigkeiten, Achtsamkeit auf dem Weg, die Liebe zum Leben und die Sehnsucht nach dem Geheimnis.

„Ach ja, das Geheimnis", bemerkte ein Bewohner von Flachland. War das nicht der eigentliche Grund für den beschwerlichen Aufstieg? Was war denn darüber bekannt? Wiederum nur Sonderbares; denn jeder schien etwas anderes erlebt zu haben.

Ein Bergsteiger sprach von einem gütigen Wesen, das er auf dem Gipfel zu spüren glaubte, ein anderer überblickte von der höchsten Spitze aus die ganze Welt und verstand mit einem Mal das bunte Treiben. Ein weiterer fand die Liebe zu allen Geschöpfen. Doch alle kehrten sie fröhlich und beglückt zurück, empfanden keine Angst mehr vor dem Sterben und trugen fortan ein Licht in ihrem Herzen.

Die Bewohner von Flachland blieben ungläubig und voller Misstrauen, wenn sie neugierig den Berichten und Erzählungen lauschten. Wieder einmal waren sie versammelt, weil ein mutiger Bergsteiger den Gipfel des Lebens erklommen hatte und nach seiner Rückkehr von großer Freiheit sprach, die man so auf Flachland nicht kannte.

Jeder, der vom geheimnisvollen Berg zurückkam, war wie verwandelt. Keiner auf Flachland konnte sich dies erklären. Und als sie sich erneut über die sonderlichen Gipfelbezwinger unterhielten, da ergab es sich, dass einer unter ihnen die Gruppe verließ und sich aufmachte Richtung Fuß des Berges, dessen Antlitz sich gerade wieder verändert hatte. Und ein beherzter Mensch setzte seinen ersten Schritt auf den mächtigen Berg des Lebens ....

Kurze Frage: Waren Sie das, der gerade vom Berg wieder heruntergekommen ist? (Kleiner Scherz)

Natürlich können wir Menschen Schritte auf dem Weg auch gemeinsam gehen, etwa in einer Meditationsgruppe oder mit einem Freund, Partner, Lehrer oder in einer Klostergemeinschaft, so wie es die Mönche pflegen. Es macht den Weg nicht nur heller, mit Gleichgesinnten unterwegs zu sein, es gibt auch Kraft und gegenseitige Aufmunterung.

Doch die Schritte auf den Berg hinauf muss jeder selbst tätigen, das kann einem keiner abnehmen.

Und dafür brauchen wir Herz und Verstand, Körper und Mut und ein positives Grundgefühl für den mystischen Weg als solchem.

ZWÖLFTES KAPITEL
SCHRITT FÜR SCHRITT

Ein Weg ist zum Gehen da

Nun möchte Sie der Buchautor zu einer kleinen Aktivität einladen. Ich werde Sie gleich bitten, etwas Einfaches zu tun. Es gehört zu unserem Thema. Die kleine Aktivität beginnt erst, nachdem ich die Aufgabe beschrieben habe und Sie erneut zum Mitmachen einlade.

Worum geht es?
Ganz einfach: Es geht um das meditative Gehen. Stehen Sie auf mein Zeichen hin auf und gehen Sie in einem möglichst meditativen ruhigen Schritt dreimal in einem Kreis herum (im Uhrzeigersinn), so wie es Ihre Räumlichkeit zulässt und so gut Sie es im Moment können.

So wie Sie es machen, ist es gut, auch als Neuling oder Ungeübter. Sie können dabei nichts verkehrt machen. Einfach meditativ gehen, langsamen Schrittes, den Atem dabei ruhig fließen lassen, mit aufrechter Körperhaltung und in meditativer innerer Haltung.

Stehen Sie bitte jetzt auf und gehen Sie langsam los ....
....
....
....

Sie sind wieder da bei Ihrem Buch, schön. Ich habe auf Sie gewartet.

Das meditative Gehen wird gerne nach der Stille-Übung gepflegt, als Abwechslung zum unbeweglichen Sitzen.

Dabei soll die innere Haltung der Ruhe und Stille und des Bei-Sich-Seins weitergehen. Die Unbewegtheit des Sitzens und die Bewegung des Gehens dienen beide dem meditativen Prozess und werden deshalb in der gleichen Wachheit ausgeführt, ohne dass es eine Unterbrechung gibt.

Auch hier haben wir es wieder mit einer Dualität zu tun (unbewegt und bewegt), die letztlich durch spirituelle Praxis überwunden wird. Erreicht der Übende den Zustand der Nicht-Zweiheit, so spielt es keine Rolle mehr, ob er unbeweglich sitzt oder sich bewegt. Sein innerer Zustand bleibt unveränderlich derselbe.

Wer dieses Ziel im Blick hat, wird die gelöste Haltung der Stille-Übung möglichst lange nachwirken lassen und dem meditativen Bauchgefühl im beweglichen Alltag nachspüren. So besitzen wir nach einiger Zeit der Übung auch während des Tages eine angenehme Orientierung in der Bauchmitte.

Durch regelmäßige Stille-Übung wird diese Orientierung immer wieder aufgefrischt und stabilisiert. Sie werden dies spüren und sich an Ihrem spirituellen Weg erfreuen.

Die Kopf-Leib-Schwelle

Es gibt noch einen weiteren Aspekt bei dieser kleinen Aktivität. Wir bezeichnen ihn als „Kopf-Leib-Schwelle". (Sie könnten auch einfach sagen „Trägheit der Masse", aber dem Autor wäre das etwas zu wenig.)

Wir können ein schönes Ziel im Kopf haben und uns in allen Farben ausmalen, wie gut es sich anfühlen würde, dieses Ziel im Leben zu erreichen.

Träumen ist etwas sehr Schönes und Angenehmes. Doch es heißt auch: Träume sind wie Schäume. Sie zerplatzen sehr schnell wie Seifenblasen. Es kommt darauf an, Träume zu verwirklichen und in die Tat umzusetzen.

Was nützen die schönsten Erkenntnisse im Kopf, wenn sie unlebendig bleiben, nicht verwirklicht mit Leib und Seele. Im Gehirn mögen sich schöne Gedanken toll anfühlen und auch entsprechende Glückshormone freisetzen, doch der eigentliche Sinn besteht ja darin, Worte wahr werden zu lassen.

Sie wissen es bereits: Die Worte im Kopf sind nicht dasselbe wie die lebendige Wirklichkeit, die damit gemeint ist!

Beim Lesen der Worte sind nur die momentan ausgelösten Gefühle real, nicht aber das, wofür die Worte wirklich stehen, worauf sie als Wegweiser hinweisen. Doch genau dort liegt die eigentliche Wahrheit. Mystik will verwirklicht werden und schon kleine Schritte sind Verwirklichung!

Und damit die Verwirklichung dieses Traumes mehr und mehr gelingen kann, gilt es, die Kopf-Leib-Schwelle zu beachten. Wir kennen sie alle. Mal ist sie mehr da, mal weniger. Manchen Menschen fällt es leicht aufzustehen, anderen schwerer. Und es ist auch abhängig von unseren Stimmungsschwankungen oder Notwendigkeiten.

Gehen wir zur Arbeit, dann „müssen" wir.
Brauchen wir einen Arzt, dann „sollten" wir.
Freuen wir uns auf einen Kino- oder Konzertbesuch,
dann „wollen" wir.

Also ist es immer auch eine Frage, ob wir die nötige Motivation haben und aufstehen „wollen", mit dem Elan und der Freude, etwas Schönes zu verwirklichen.

Wenn uns Mystik wirklich betrifft im Leben und persönlich wichtig ist, dann sollten wir diesen Gesichtspunkt der Schwelle im Blick haben. Gewiss brauchen wir auch immer etwas Energie, um unseren Körper in Bewegung zu versetzen. Ein kraftloser und erschöpfter Leib ist dazu nicht in der Lage.

Auch der Verstand benötigt eine gewisse Geistesfrische für Unternehmungen oder Taten; vor allem, wenn sie freiwillig sind, so wie es bei einem mystischen Pfad der Fall ist. Keiner kann Sie dazu zwingen – nicht einmal Sie selbst –, denn solch ein authentischer Weg zur Wahrheit des Lebens braucht eigene Wahrhaftigkeit, Ehrlichkeit und freie Entscheidung.

Die Kopf-Leib-Schwelle überwinden können nur Sie selbst. Und Sie tun es auch ganz auf sich gestellt. Das ist klar. Darin liegt dann auch der besondere Wert. Wenn Sie einen solchen Pfad für kostbar erachten, so wird daraus auch der spontane Impuls aus dem Inneren entstehen, reale Schritte zu tätigen.

Vielleicht entwickeln Sie auch Ihre eigene Strategie. Jedenfalls ist die Kopf-Leib-Schwelle, das Überwinden dieser kleinen Hürde mit dem entsprechenden kleinen Ruck, ein bleibendes Thema, dem wir regelmäßig Beachtung schenken sollten.

Und vielleicht nehmen Sie auf Ihrem Weg zur persönlichen Mystik noch ganz andere Hürden.

Ihr Autor wünscht es Ihnen.

Dickes Buch? Bücherliste? Tagebuch!

Wenn dieses Buch 400 Seiten dick geworden wäre, dann hätte der Autor das mulmige Gefühl, sein Ziel verfehlt zu haben. Denn wie könnte er in dem Buch betonen, dass es nicht die vielen Worte sind, die uns zu dem Ziel der Mystik führen, ja, dass überhaupt alle Worte kein Ersatz sind für die eigene unmittelbare Erfahrung und schließlich, dass alle Gedanken im Kopf wieder zur Ruhe kommen müssen, um dann am Ende ein dickes Buch zu präsentieren mit vielen ausgedehnten Informationen über das große Thema der Mystik?

Meine Überlegung ist eine andere gewesen: Weniger ist mehr. Denn das gilt auch für einen mystischen Pfad als solchem, wenn er bewusst und klug gegangen wird. Die mengenmäßige Begrenzung des Inhaltes soll dem Leser/der Leserin die Möglichkeit geben, das Geschriebene gründlich zu durchdenken und tiefgehend wirken zu lassen.

Nur dann kann es als (mystische) Lebenspflanze Wurzel schlagen, anwachsen und gedeihen. Es kommt auch auf den Boden an, auf den die Worte fallen – also auf Sie selbst: Ihr Vorverständnis (ob förderlich oder hinderlich), Ihre Offenheit, Ihre Bereitschaft, Ihre Entschlossenheit, Ihren Mut, Ihr Bauchgefühl ......

Es bietet sich an, wechselseitige Beziehungen aufzuspüren und darüber nachzusinnen, wie etwa:

Klarheit der Mystik – klare einfache Übungen im Alltag – einfach nur in Stille sitzen.

Unüberschaubarkeit der Welt – existentielle Fragen – die simple Antwort der Mystik.

Lebensweise im Westen – Berücksichtigung des Unbewussten.

Kostbarkeit von Leib, Gefühl und Verstand – Leben im einzigen Jetzt.

Sie haben sich, lieber Leser und Leserin, mit den Worten an sich, dem Verstand als solchem, der Zweiheit allen Lebens, der verborgenen Wirklichkeit, der nicht-dualen Erfahrung und dem ewig bestehenden Jetzt beschäftigt, und es ist Ihnen hoffentlich dabei das eine und andere Licht aufgegangen.

Mit den zusätzlichen praktischen Tipps und der Stille-Übung haben Sie eine Möglichkeit kennengelernt, Ihre Wahrnehmung der Dualität und Vielfältigkeit zu überwinden durch die Erfahrung der Nicht-Getrenntheit.

Auf dieses wertvolle Gut können Sie in Ihrem Leben stets zurückgreifen als Orientierung, Wegweiser, Sinnspender, Motivation, Erinnerung. Es sind Themen, die jeden Menschen betreffen, ein Leben lang.

Vielleicht haben Sie jetzt noch das Bedürfnis, andere Bücher über diese spannenden Themen zu lesen, was der Autor sehr gut verstehen kann, da er selbst früher mit Begeisterung eine Unmenge an Büchern verschlungen hat, auch im Rahmen des Studiums. Jedoch werden Sie keine Bücherliste vorfinden. Aus gutem Grund.

Gedanken-Nahrung alleine hilft Ihnen nicht weiter. Bücherwissen verführt leicht zur Täuschung, wir wüssten etwas über Spiritualität und „Gott". (Es gibt auch viele Menschen mit Bücherwissen, die sind aufgrund dessen in der festen Überzeugung, dass Mystik „völliger Blödsinn" ist; das wäre dann die entgegengesetzte Variante.)

Auf diesem Gebiet zählt nur, was im eigenen Leben verwirklicht und danach noch möglichst gut reflektiert ist. (Sonst meint tatsächlich jeder, der mal etwas „Besonderes" erlebt hat, große Worte schwingen zu können. Der Autor würde solche Menschen übrigens unverzüglich wieder in die Stille schicken!)

Nur durch die erfahrene Übung wird der Mensch für Seinsfühlungen sensibilisiert und das aufmerksame Gespür für das unsichtbare Geheimnis kann wachsen!

Bücher haben den wichtigen Zweck, ein besseres Verständnis für den Weg zu fördern – auch im Sinne einer Selbstreflexion – und Unterstützung zu geben für die eigene Praxis. Zu viele Gedanken im Kopf müssen jedoch in der Meditation wieder zur Ruhe gebracht werden; und das kann dann dauern. Wenn dies beachtet wird, sind Bücher nützlich, so wie hoffentlich das Exemplar in Ihrer Hand.

Was zählt, sind letztlich die eigenen konkreten Schritte, das Umsetzen des Kopfwissens. Das Wesentliche über mystische Erfahrung nach der Leitlinie „So viel wie nötig und so deutlich wie möglich" wollte Ihnen der Autor vermitteln.

Der Inhalt dieses Buches reicht aus, um zu verstehen, loszugehen und dem Geheimnis näherzukommen.

Nach einigen gelungenen Schritten verstehen und sehen Sie dann mehr und können wiederum besser weitergehen. Nach weiteren gelungenen Schritten verstehen und sehen Sie noch mehr …...

Aber ich mache Ihnen noch einen anderen Vorschlag, den ich sehr empfehlen kann. Schreiben Sie ein eigenes Buch, nämlich ein „Tagebuch". Die Zeit und Mühe, die Sie darin investieren, gewinnen Sie vielfach wieder.

Worum geht es? Es geht darum, Wichtiges von Unwichtigem zu unterscheiden und Geschehnisse im spirituellen Bereich mit eigenen Worten zu beschreiben. Das heißt „gut reflektieren". Das Erlebte auf sich selbst beziehen, auf den ganzen Menschen als Leib, Gefühl und Verstand (vom Lateinischen: re-flectere = zurückbiegen, zurückbeugen).

Sie müssen dann selbst passende Worte finden, wodurch Ihr Wissen persönlich wird und integriert. Es genügen 5 Minuten am Tag. Es braucht auch nicht jeden Tag zu sein, sondern nur dann, wenn es etwas Wichtiges zu notieren gibt. Ich nenne dies „aktives Wissen" im Vergleich zu „passivem Bücherwissen", das jeder nachsprechen kann.

Mit der Zeit bekommen Sie den Blick für das Wichtige. Unwichtiges können Sie auf diese Weise schneller aus Ihrem Leben werfen.

Sie gewinnen an Selbst-Orientierung, haben den Überblick über Ihre Entwicklung, wichtige Veränderungen und Beobachtungen. Manchmal genügt ein einziger Satz oder ein prägnantes Stichwort.

Was Sie notieren, ist Ihr Eigentum und gehört zu Ihrem persönlichen spirituellen Reichtum, der für Sie jederzeit durch einfaches Nachschlagen abrufbar ist. (Vor allem, wenn Sie irgendwann der subjektiven Meinung sind, dass sich trotz Übungen gar nichts bei Ihnen geändert hat.) Irgendwann merken Sie sich die wichtigen Dinge automatisch, die genau zu Ihrem persönlichen Pfad der Mystik gehören.

Probieren Sie es aus, wenn Sie möchten.

Das Steinmännchen

Vielleicht haben Sie es schon recherchiert oder wussten es bereits, was es mit dem Steinmännchen auf der Titelseite auf sich hat. Sie sind überall in der Welt zu finden, in den Bergen und in der Wüste, an bevölkerten Orten und in entlegenen Gegenden.

In unterschiedlichen Größen dienen sie als Grenzzeichen und Wegmarkierung. Besonders im Hochgebirge, wo es auch Schnee und Nebel geben kann, sind sie für den Bergsteiger schon von weitem sichtbar und somit eine wichtige Hilfe zur Orientierung. Sie warnen vor Gefahrenstellen, zeigen die sicheren Schritte über einen schwierigen Bergpass und geben den Menschen damit den lebenswichtigen Hinweis, dass sie auf dem richtigen Weg sind.

Auch einem einfachen Wanderer zeigen sie an, wo es entlanggeht und vermitteln ihm dabei das Gefühl, dass er nicht alleine unterwegs ist. Wo sich Steinmännchen auftürmen, da sind auch Menschen. Sie geben Zeichen ihrer Präsenz und teilen sich mit: „Ich bin hier gewesen." „Diesen Ort nehme ich mit meinem Stein symbolisch in Besitz." „Vorsicht, hier ist ein Abgrund!"

Die aufgestapelten Steine sind damit auch Botschaften.

Auffallend ist, dass die Steinmännchen in materiell geprägten Gesellschaften wie Europa fast ausschließlich eine funktionale Bedeutung haben oder dem Touristen einfach nur eine aufbauende Gelegenheit sind, die eigene Visitenkarte zu hinterlassen.

Jedoch sind bei Indianervölkern oder in buddhistischen Ländern diese menschenähnlichen Aufbauten auch mit religiösen Bräuchen und Gewohnheiten verbunden. Es sind Orte des Gebetes und der Verehrung. Dementsprechend werden diese Steinmännchen auch mit bunten Gebetsfahnen geschmückt und von den dortigen Menschen gepflegt.

In Tibet sollen dadurch gute Geister angezogen werden, die dort ihre Wohnstätte einnehmen und die Menschen fortan vor dem Bösen beschützen.

Die Steine sind eben nicht nur Steine. Sie geben uns auch kund über das Selbstverständnis von Menschen.

Auch ich habe mir ein kleines Steinmännchen hingestellt. Es erinnert mich ständig an das Schreiben dieses Buches. Vielleicht hat auch der eine oder andere von Ihnen Gefallen daran, ein kreatives Zeichen zu setzen: als Orientierungs-Stelle, zur Erinnerung, als Denk-Mal.

Das eigentliche Steinmännchen sind freilich Sie selbst.

Dem himmlischen Geheimnis auf Erden näherkommen –
Schritt für Schritt und Stein auf Stein.
Das ist der spirituelle Weg.

Je weiter Sie bei diesem persönlichen Vorhaben kommen, desto unglaublicher sieht Ihr Steinmännchen aus. Hier dürfen Sie sich als Lebenskünstler/Lebenskünstlerin betätigen und mit Leib, Gefühl und Verstand nach Höherem streben.

Bitte achten Sie jedoch auf die Stolpersteine, die immer mal wieder plötzlich auf unserem menschlichen Weg auftauchen können. Falls Sie diesen nicht ausweichen können und stürzen, dann heißt es: Wieder aufstehen und den Stein des Anstoßes mit Ihren Fähigkeiten verwandeln.

Vielleicht hat Ihnen auch der Autor hier und da eine schwere Aufgabe mit auf den Weg gegeben. Falls Sie, lieber Leser und liebe Leserin, beim Durchgehen dieses Buches auf die eine oder andere Aussage gestoßen sind, die Sie – hoppla – aus dem gewohnten Trott gebracht hat, so kann das aber nur ein Stein gewesen sein, den der Autor für Ihr persönliches Steinmännchen zum Mitnehmen hingelegt hat.

Wie auch immer Ihr spirituelles Wachstum gelingen wird .... Es liegt in Ihrer Hand.

Eine theoretische und praxisorientierte Grundlage haben Sie mit diesem Buch erhalten. Darauf können Sie aufbauen.

SCHLUSSWORT

Der Autor wollte in diesem Buch die mystische Erfahrung der Nicht-Zweiheit im ewigen Jetzt beschreiben und damit gleichzeitig die mystische Seite des Lesers und der Leserin ansprechen.

Diese verborgene (nun nicht mehr ganz so verborgene) Seite ist immer da und steht Ihnen deshalb auch jederzeit (das heißt im Jetzt) zur Verfügung. Diese Wirklichkeit prägt das Leben eines jeden Menschen, auch wenn er davon nichts ahnt. Das ist die Aussage der Mystik, die sich mit Leib und Seele auf das Erlebnis „Gott" (die Realität, auf die das Wort hinweist) einlässt und ihre klaren und eindeutigen Erkenntnisse bereitwillig mitteilt.

Das Wissen der Mystik über existentielle Fragen ist sehr umfassend, da sie in allem das Wesentliche (die Gegenwart des göttlichen Seins) zu erkennen vermag. Es ist ein Wissen im Nicht-Wissen. Das ist klar.

So ließen sich weitere reizvolle Themen ergänzen, die in einem begrenzten Buch nur erwähnt werden können: die verschiedenen Wege der Religionen, der fördernde interreligiöse Dialog, die Entwicklung der Person auf einem spirituellen Pfad, der Tod des Ego, das Problem des Sterbens allgemein, das verantwortungsvolle Handeln in der Welt und viele andere Lebens-Themen.

Die Einladung der Mystik gilt für alle Menschen, die offen sind für eine intensive Begegnung mit dem Geheimnis: gläubig oder nicht, einer Religion verbunden oder nicht, jung oder alt, arm oder reich.

HEUTE ODER MORGEN.

Jeder Mensch hat seine Fähigkeiten und Möglichkeiten, da die spirituelle Wirklichkeit in jedem von uns angelegt ist. Das Geheimnis von der Nicht-Zweiheit mit dem alles durchdringenden Sein Gottes ist in jedem von uns gegenwärtig.

Dies zeigt sich an Seinsfühlungen und „unbewussten mystischen Erfahrungen", die jeder Mensch auf der Welt erleben kann: in einem Konzert, in der Liebe einer Partnerschaft, in der Einheit zwischen Mutter/Vater und Kind, beim Wandern in schöner Natur, in der Weite des Meeres, beim Sport – überall dort, wo der Mensch seine Situation sehr intensiv erlebt und ganz bei sich ist. Diese Erlebnisse gilt es – auf einem geeigneten Pfad der Mystik – zu vertiefen und zu verstehen.

So können auch Sie, der Leser und die Leserin, Ihre verborgene Wirklichkeit mehr und mehr entdecken – bis hin zu Ihrem persönlichen ewigen Jetzt.

Das ist Mystik, und sie ist unglaublich wahr!

Und vielleicht haben Sie dieses Geheimnis auch schon immer irgendwie „gewusst".

Mit freundlichen Grüßen

Michael Stefan Anders

FSC
www.fsc.org
MIX
Papier | Fördert
gute Waldnutzung
FSC® C083411

Zeitfracht Medien GmbH
Ferdinand-Jühlke-Straße 7
99095 Erfurt, Deutschland
produktsicherheit@kolibri360.de